故郷・石垣島から出撃した伊《い》舎《しゃ》堂《どう》用《よう》久《きゅう》中佐

歴史に葬られた
特攻隊長

将口泰浩

徳間書店

序

沖縄戦最初の戦死者

なぜ沖縄の英雄は歴史から消えたのか

大陸に対し、万里の長城のように海に弧を描き、鹿児島から沖縄の島々が連なっている。国境に近い最西端、八重山《やえやま》諸島の中心が石垣島。沖縄本島から４００キロ、台湾との距離はわずか２７０キロしか離れていない。

石垣島の北１７０キロに点在する尖閣諸島では中国船の頻繁な領海侵犯を受けている。かつて沖縄は東から攻め上がった米軍との戦いの地となった。いま西からの攻勢にさらされている。

尖閣最大の魚釣島《うおつりしま》の住所は沖縄県石垣市登野城《とのしろ》尖閣２３９２番地。ちょうど80年前の昭和20（１９４５）年、石垣島から出撃、慶良間《けらま》諸島沖で米艦隊に体当たり攻撃を行った伊舎堂《いしゃどう》用久《ようきゅう》大尉（戦死後、二階級特進で中佐）の生まれは石垣市登野城１５６番地。自分の郷土は自分で守ると、特攻隊長として故郷から出撃した。

石垣島西部に陸軍白保《しらほ》飛行場と呼ばれた陸軍東飛行場が広がっていた。南北に主滑走路、東西に補助滑走路、東側に空襲から航空機を守るコンクリート製の掩体壕《えんたいごう》、集落に近い南側に戦闘指揮所があった。

昭和20年3月25日午後11時50分、指揮所前に陸軍特別攻撃隊「誠《まこと》第17飛行隊」と、その護衛にあたる「独立飛行第23中隊」の隊員、関係部隊長40名が集合していた。

本二十五日一六五〇、慶良間群島周辺ニハ空母二、特設空母四以上ヨリナル敵機動部隊遊弋《ゆうよく》中ナリ

飛行団ハ敵機動部隊ヲ攻撃セントス

第17飛行隊隊長の伊舎堂用久大尉から順に別れの杯を酌み交わす。「お母さんお先に」と書いた鉢巻きを巻いている隊員の幼顔を明るい上弦の月が照らしていた。

中央気象台付属石垣島測候所は朝鮮半島付近にある移動性高気圧の影響で26日の天候は快晴と予報していた。海上に浮かぶ眼下の敵を発見しやすい絶好の飛行日和だった。

26日午前4時。見送りを受け、初めに第23中隊所属の直掩機《ちょくえんき》6機、続いて誠第17飛行隊の99式軍偵察機が離陸した。

11歳だった石垣島宮良《みやら》の小浜義勝はその日をよく覚えている。硫黄島の次の米軍の狙いは沖縄に違いない。迫る米軍艦艇に体当たりをする特攻機が石垣島から出撃することは子供でも知っている公然の秘密だった。

日の出は午前5時37分、まだ月が残っていた。

「飛行機が飛んでいる」

姉の声がした。布団にくるまり、眠っていた小浜はすぐに飛び起きた。耳を澄ますと、聞き慣れた陸軍機の爆音がする。急いで庭に出て、北の空の機影に姉と2人で懸命に手を振った。

傍《かたわ》らでは、目を閉じたままの母は手を合わせて拝み、父は言葉もなく呆然と見送っていた。その日、米空母に突撃して戦死したと聞いた。

戦後も生まれた石垣島で暮らし、老齢となった小浜は伊舎堂の戦死についてこう語った。

「国を思う国民の心なくして平和も人権も生活もありえない。伊舎堂中佐が故郷を守ってくれたからこそ、こうやって今、われわれは生きている」

伊舎堂隊の出撃時刻26日午前4時、突撃時刻午前5時50分だった。

突撃から1時間半後の午前7時30分、米軍機動部隊の慶良間諸島上陸作戦前の艦砲射撃が始まった。

熾烈《しれつ》を極めた沖縄戦は石垣島の白保飛行場から飛び立った伊舎堂隊が口火を切る。伊舎堂率いる10名が沖縄戦最初の戦死者となった。

国境の島から陸軍士官学校入校、志願して特攻隊長の任につき、祖国を、故郷を守るために24歳の若さで戦死した伊舎堂用久。戦後ながらく、沖縄本島や八重山諸島では武功を讃える「伊舎堂隊の唄」が歌い継がれていた。

伊舎堂用久大尉。台湾花蓮港にて

　しかし、あの戦争を美化するなという沖縄独特の風潮に飲み込まれ、いつしかだれも口ずさむことはなくなり、伊舎堂の名を語ることもはばかられるようになった。15世紀末、琉球王府に服従することを拒み、戦い続けた地元の豪族、オヤケアカハチの血を受け継ぐ八重山の人々は、なぜ郷土の英雄である伊舎堂用久特攻隊長を歴史から葬り去ったのか。

伊舎堂用久《いしゃどうようきゅう》――今前進スル途中

昭和13（1938）年に沖縄を離れて以来、本土、中国戦線、台湾と各地を転々としながらも伊舎堂用久は故郷を忘れることはなく、いつも心の奥底に南の島で暮らす両親、姉妹、友人があった。

両親に宛てた手紙が残っている。

もう郷里では桜や桃の花が満開、鶯《うぐいす》も囀《さえず》りまわっているとのこと、南海の宝島、郷里のことなども思い出されます。

東京から船を乗り継ぎ、1週間以上もかかる石垣島は隔絶された地だった。遠ければ遠いほど、帰れなければ帰れないほど、会えなければ会えないほど募るのが望郷の念だった。蒼海に浮かぶ濃緑の島を「南海の宝島」と表現した。

昭和18（1943）年3月、千葉県佐倉にある下志津《しもしづ》陸軍飛行学校修了後、中国戦線に赴任が決まった。休暇をもらっても石垣島までは帰郷できないだろうと、同期が自分の故郷である佐賀まで伴い、実家で母の手料理をふるまい、歓待してくれた。

庭が見える座敷で酒に酔った2人は「送元二使安西」を吟じる。中国の詩人、王維《おうい》の漢詩だった。友人の元二が旅立つ朝、別れが名残惜しい王維が「最後にもう一杯酌み交わそうではないか」と語りかける。

伊舎堂がポツリとつぶやいた。

「ひと目でいいから石垣島の家族に会い、今生の別れを告げたい」

伊舎堂は中国戦線から1年ぶりに帰国、静岡県浜松で新型機に乗り換えるための訓練を受ける。慣熟訓練と並行し、海上飛行訓練も行われた。わずか1カ月ほどの浜松滞在後、慌ただしく、今度は台湾花蓮港《かれんこう》（現・花蓮市）に出発した。

用久様
お便り有難う存じました。先だってはご遠路をよく御越し下さいました。

おたちも明日に迫りましたね、私は無論のこと母も姉もさびしさで、いっぱいでございますの。

彼の地にいらっしゃいましては、ご身辺十分おいとい遊ばして、お手柄のほどお祈り致しております。

今日はこれにて失礼致します。くれぐれもご身辺おいとい遊ばしませ。


昭和19（1944）年4月、浜松から花蓮港に移動直前に受け取った手紙だった。

送り主は愛知に住む、伊舎堂よりも4歳年下の19歳。4姉妹の末娘で、陸軍将校だった父は前年、中国戦線で死亡していた。父親とも親交があった伊舎堂の同僚の仲介で訓練の合間の休日、浜松でお見合いをした。

「航空隊でお上手に操縦していらっしゃいますが、怖くはないですか」

「地上で自動車に乗るよりは、よっぽど気楽ですよ」

お見合い後、愉快そうに話をする2人を姉が見守っていた。少し甘えんぼうの末娘の妹と明るく凜とした南国の男。お似合いの夫婦になると直感した。

明朗聡明で快活な娘に惚れ込み、すぐに伊舎堂は娘と母に結婚を申し込む。石垣島に住む伊舎堂の両親も快諾し、婚約が成立した。

昭和19年4月3日、先遣隊3機が経由地である那覇に向け浜松基地を離陸、伊舎堂が指揮する本隊6機は2日遅れで出発する。

到着後、3男4女の長兄、用展《ようてん》が差し入れた沖縄そばを伊舎堂が同行の部下にふるまう。部下たちは珍しい沖縄そばを堪能、特にシナチクが珍味と好評だった。那覇地方裁判所に勤務していた用展は現地召集を受け、守備隊の陸軍第32軍に所属していた。

その翌日、用展の妻の実家である屋比久《やびく》家を伊舎堂が訪問した。用展の妻の父や県立二中（現・那覇高校）に在学中の義弟となる妻の弟も一緒だった。県立二中は伊舎堂の母校でもあった。後日、同席していた義弟が、伊舎堂の実家訪問を陸軍経理学校で学んでいる兄の屋比久宏に手紙で伝えた。

用久兄さんは北支《ほくし》から台湾に赴任する途中、那覇に二日ほど滞在しました。用展兄さん夫婦や僕は到着した日、用久兄さんの宿舎まで面会に行きました。用久兄さんはいつも笑ってばかりいました。そして僕らに用久兄さんは非常なご馳走をしてくださいました。日本刀は非常に上等なものを二本、持っておられました。

翌日は僕の家にも遊びにみえ、僕の父や用展兄さんと三人で酒を飲みながら愉快そうに話しておられました。

用久兄さんは帰る僕の頭をなでながら、「お前も立派な航空兵になって英米をやっつけなければならない」とおっしゃいました。

僕はそのときのことが今でもハッキリと頭に残っております。

屋比久家から帰る間際、辞去のあいさつをしながら伊舎堂が義弟に声をかける。

「あす午後、台湾に向け出発します。そのときに家の上を飛ぶからね」

翌日、昼過ぎから屋比久家全員で日の丸を用意し、空を見上げ待ち構える。爆音とともに真新しい6機が飛来してきた。

「用久兄さんの飛行機だ」
そう叫び、手に持った日の丸を義弟が思いっきり振る。そのうちの1機である伊舎堂機が低空を旋回。ちぎれるほど振られる日章旗。何度も繰り返される万歳の声。歓喜に応えるように6度も旋回した。最後に翼を上下に振り、別れを告げ、南の空に消えて行った。

いまから想うと、あの優しい落ち着いた人が見事、敵艦に体当たりされたと思うと感無量です。
新聞にも大きく記事が載っておりました。それを見たときは「やったなあ」と思ってしばらく口がきけませんでした。そして少しして勇気が出て、後に続く勇気が出ました。

目的地は台湾花蓮港飛行場。この日の予報は快晴だった。それでも、ところどころに雲海があり、洋上飛行が未熟な搭乗員もいるため、低空で宮古島、石垣島上空を飛行する島伝いの航路を選択する。風力4、南西の向かい風が吹き、新型機といえども最高速度250キロしか出せない。海面には白波が立っている。

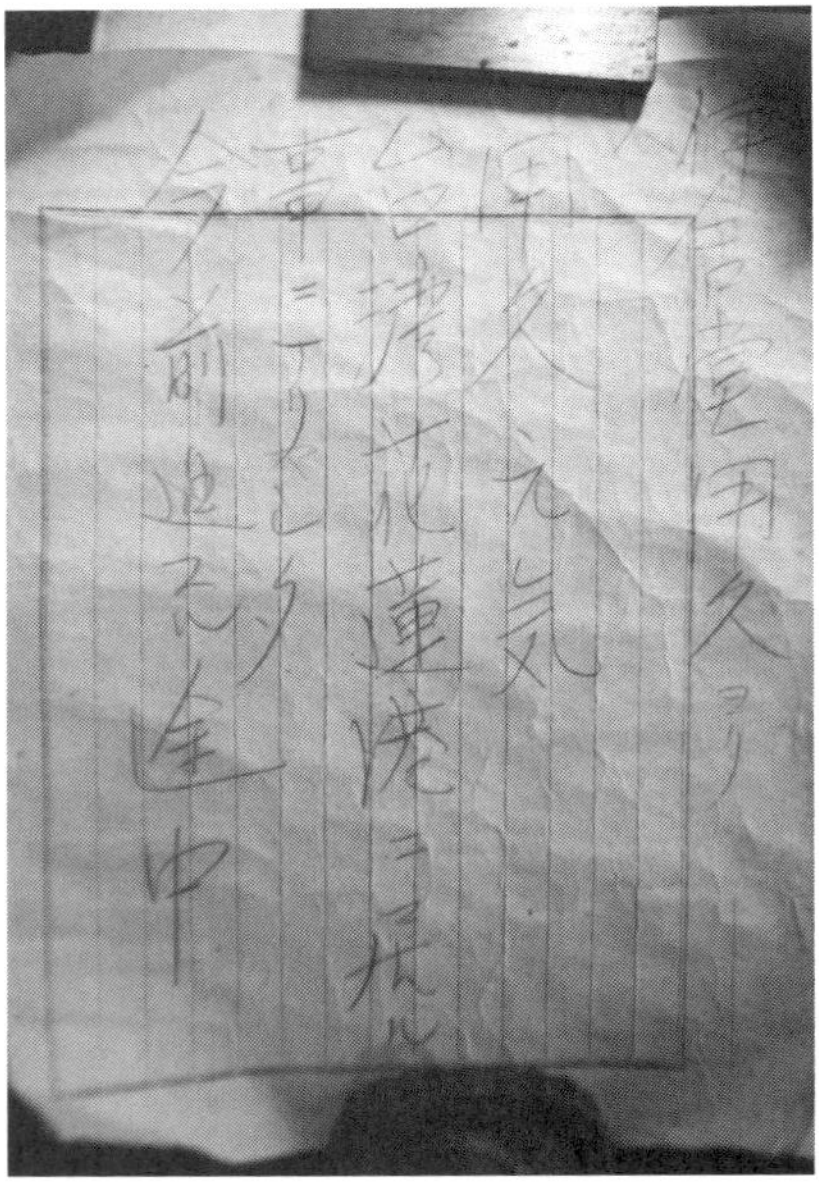

伊舎堂が石垣島の生家に空から投下した手紙

途中、石垣島の登野城上空を旋回、生家に向け、機上から通信筒を落とす。帰省することができない伊舎堂の空からの手紙だった。

石垣島測候所は未明に0・1ミリのわずかな雨を観測したが、日の出以降は晴れ渡っている。蒼空から突然、降ってきた故郷への手紙。拾った親戚の子供が生家に届ける。あまりの珍しい手紙に連日、見物客が来るほど石垣島中の話題となった。家族に向け、鉛筆で書かれていた。

用久元気
台湾花蓮港ニ居ル事ニナリマシタ
今前進スル途中

もはや故郷の地を踏むことはない、珊瑚礁に当たり砕ける波と白浜、緑深い山々、港に続く懐かしい家並み。空からこれが見納めとじっくりと眺めたに違いない。手紙を受け取った父の用和《ようわ》、母のミツも同じ心持ちだっただろう。
だが、10カ月後、再び故郷の地を踏む。帰るに帰れなかった石垣島に7年ぶりの帰郷を果たす。そこが最期の地となった。

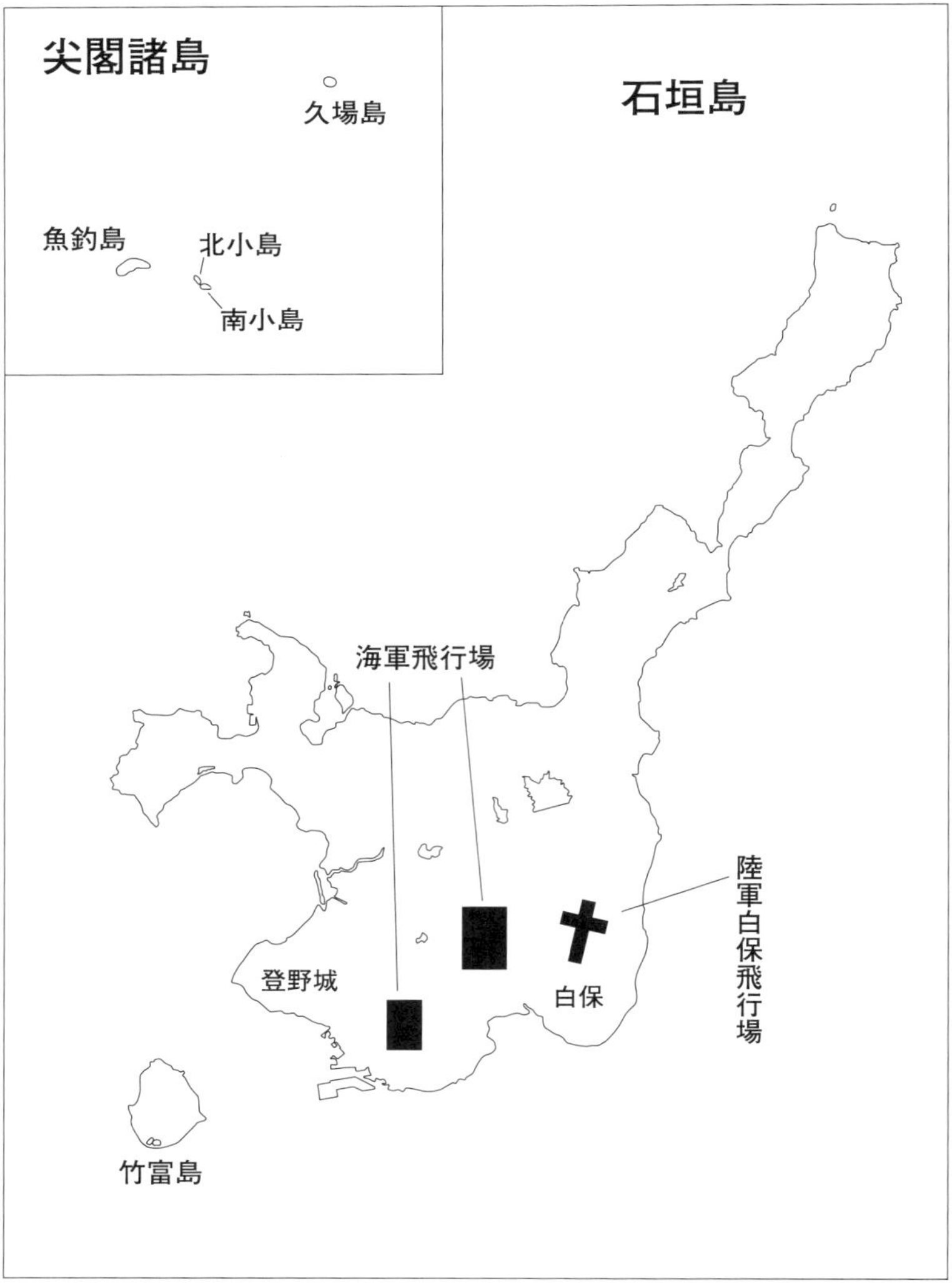

尖閣諸島
久場島
魚釣島
北小島
南小島
石垣島
海軍飛行場
陸軍白保飛行場
登野城
白保
竹富島

編集付記

本作中にある引用文は、原則として新字体、新仮名づかいに改めるとともに、適宜、振り仮名をつけています。

目次

◆飛行機乗りにゃ　娘はやれぬ　きょうの花嫁　明日は後家
◆心優しき川瀬少尉
◆部下の致命的失態を笑い飛ばす伊舎堂《いしゃどう》
◆郷土防衛につく〝蓑笠《みのかさ》〟部隊
◆石垣島での最後の37日間
◆出撃2日前、恩師のもとに駆けつける伊舎堂《いしゃどう》
◆伊舎堂《いしゃどう》の右腕・石垣中尉、無念の戦死
◆7年ぶりの親子再会

第4章

昭和20年3月26日、誠《まこと》第17飛行隊出撃

◆26日午前5時50分「イマヨリ我、突入ス」
◆各新聞が一斉報道
◆歌われなくなった「伊舎堂隊《いしゃどうたい》の唄」
◆薄れゆく記憶。68年後に顕彰碑

第1章

伊舎堂《いしゃどう》率いる、特攻隊「誠《まこと》第17飛行隊」結成

誠《まこと》第17飛行隊11名、生還者なし

台湾東部最大の町、花蓮《かれんこう》港市は石垣島から260キロ、与那国島《よなぐにじま》から111キロに位置する。高砂族《たかさごぞく》と呼ばれた台湾原住民が多く住む地域だったが、内地人といわれた日本からの移民も多く、昭和14（1939）年当時、人口15万人のうち内地人が2万人、最も近い与那国島からも多くの人々が移り住み、農業や漁業に従事した。

伊舎堂用久《いしゃどうようきゅう》が所属した「第7直接協同飛行隊」は最前線の地上部隊との直接協同（連携）に重きをおき、敵情偵察や弾着観測なども行う対地支援航空隊だった。台湾を管轄している陸軍台湾軍第8飛行師団所属だが、海軍の作戦指揮下にあった。

花蓮港到着後も浜松で行ってきた洋上飛行訓練を続ける。台湾と大陸の間に浮かぶ澎湖《ほうこ》諸島の海軍馬公《ばこう》飛行場に赴き、高度な技術が必要な航空母艦の離発着訓練を受けた。海上で動いている空母への着艦は、そのときそのときの風と母艦の速度、進路によって、飛行甲板上の風力や風向きが変化する。もっとも危険な着陸である。

しかし、全搭乗員が短期間で発艦着艦がこなせるようになり、陸軍航空兵の技量は海軍の教官を感服させた。

馬公での訓練を終え、花蓮港に戻ると、不在だった隊長に高橋一茂大尉が着任する。それまで代行隊長として隊を率いていた伊舎堂も重責を果たし、引き継ぎを行う。

台東にある「第6直協飛行隊」と台湾東部の海域を南北で分担し、米潜水艦の索敵や台湾と沖縄、本土を往復する船団護衛も行いながらも洋上訓練も続ける。

鋭い目つきに眉の太い精悍《せいかん》な顔つき。胸を張りピンと背筋を伸ばした堂々たる体軀《たいく》。だれよりも大きい声を出す搭乗前の発唱点検。一度聞いたら決して忘れられない珍しい姓名。まるで古武士のようと搭乗員仲間に強い印象を与えた伊舎堂だった。

昭和19（1944）年夏、花蓮港での訓練飛行中、搭乗機がエンジントラブルを起こしたが、訓練通りの操縦で郊外の森に無事に不時着させる。本人はかすり傷ひとつ負わなかった。勇猛果敢、沈着冷静な行動にさすがは伊舎堂と周囲が讃える。

隊舎が全壊するほどの猛烈な台風が花蓮港を直撃したことがあった。飛行機を守ろうと整備班が苦戦していた。そこに伊舎堂が現れる。

「俺もやるぞ」

「中尉が自ら手伝ってくれるなんて」

整備兵全員の魂が揺さぶられる。損害は1機も出なかった。上でも下でも、陸軍でも海軍でも、搭乗員でも整備員でも、組織も階級も分け隔てなく接し、全力で事に対処する。伊舎堂の周りには自然と人が集まり、いかなることがあろうとも、志をともにする空気に包まれた。

花蓮港着任後、浜松で用務があり、帰国した伊舎堂は連絡せずに急遽、浜松から愛知に行き、婚約者の職場を訪問した。だが、たまたま休暇だったため、再会はかなわず、婚約者は4月22日付で手紙を書いた。

おいで下さいましたのに、休んでおりました。大変、失礼致しました。せっかく遠路おいで下さいましたのに、お会いできなかったことを残念に思います。桜咲く内地から急に暑い台湾に行かれ、防暑服とバナナに変わってのご感想いかがですか。台湾もなかなか良い所のようですね。
私もなんだかご一緒にお供したいような気が致しますが、仕方ございません。今後、用久様からの台湾便りを楽しみにしております。

四月いっぱいでお勤めも止めまして、来月よりいよいよ花嫁修業第一歩に入ります。なんだか張り切った楽しい毎日が送れると思います。

同じ4月22日付、婚約者の長姉から伊舎堂の父に宛てた手紙がある。母親のように、4女の末っ子を案ずる姉の心情が行間からにじみ出ている。

妹とご婚約下さいましたよし、良縁を心より一同、喜びおる次第でございます。ご縁あって今日の御約束を致したことは戦死した靖国の父もどんなにか、うれしく思い、うれし涙にむせんでいる事と想像致しております。これからは幾久しく末々まで仲睦まじく暮らしていただける様に念じております。このうれしさは筆では伝えられませぬ心地が致します。どうぞ、ふつつかな妹でありますが、貴方様の力添えを得て一人前の立派な軍人の妻として、生涯良き貴方様の片腕として御役に立ちます様、ご指導いただきたいと存じております。

お見合い後、台湾花蓮港から石垣島に移動するまでの11カ月間、2人が交わした14通の手紙が保存されている。

同僚の手記や手紙など記録として残っている伊舎堂の言動から感じることに、上官風を吹かさない、部下思いというものがある。

軍隊において、将校と下士官との格差は厳格、厳然としていた。しかも、伊舎堂は陸軍士官学校出のエリートだった。数々の試験や検査を突破したうえで厳しい訓練を受けた自《じ》恃《じ》と、離陸するたびに帰還できるかもわからない最前線で戦っている自負がある航空兵と地上勤務者の差もある。

戦況は日増しに悪化、飛行隊は艦船の護衛と潜水艦索敵活動に追われていた。通常業務に加え、夜間攻撃訓練も激しさを増す。薄暮や夜間、払暁《ふつぎょう》での離発着、写真撮影、無線通信、急降下爆撃、通信筒投下などが連日連夜、実施されていた。

当然、機体整備も同様に夜も昼もなく行われている。ほかの航空将兵は格納庫まではまったく顔を出さない。伊舎堂だけは違った。

「ご苦労さん。おかげできょうも無事に飛べたよ」

整備の下士官兵に対しても労をねぎらう。格納庫に現れると、小柄ながらも大地を踏みしめるように堂々と歩く姿はシルエットだけでもわかった。

ある日、整備する手を休め、下士官兵が一服していた。

「ちょっと、こっちに来てくれんか」

声がする方を見ると伊舎堂だった。何事かと思い、敬礼をする。

「まあ、そこに座りなさい」

日常のことや今後のことを伊舎堂が質問した上で助言をした。

下士官兵が将校コースに進みたいという希望を持っていることを知り、進路指導をした。いつ戦死するか、わからないにもかかわらず、整備員の部下の将来を考える。深い温情に下士官兵は胸がつまり、伊舎堂の眼前で涙を流す。

部下を手荒に扱うことなど皆無、当然のように行われた体罰もだれも見たこともなかった。

花蓮港時代、伊舎堂が操縦下士官に訓示した。

「人間には長所と短所がある。上官の注意はもちろん、同僚間の注意もきき入れるか否か、これが人間の進歩に影響する。われわれは自分を謙遜して事に当たらなければならない。謙遜と卑下《ひげ》は別である。卑下は自信をまったく失っているのに対し、謙遜は満々たる力を持っているが、威張らず、いざというときに能力を発揮できることだ。自分は他人よりも至らざるものであり、修養を要すべき人間であるというつもりで他人の注意をよくきき入れ、日常の行動を律してほしい。

上官に親しむのはよいが、侮ってはならない。航空部隊と地上部隊を比べると、空中勤務者の待遇がいいと、地上部隊の上官を侮る弊がある。航空隊において公務と私務が判然としないことは遺憾である」

階級社会にもかかわらず、航空兵に関しては飛行時間や操縦技量が幅をきかす特殊な分野でもあった。整備や総務などの地上勤務者や、実力が伴わない上官に横柄な態度をとる操縦下士官がどこの飛行隊にもおり、隊全体の雰囲気を壊していた。それを危惧していた。

「礼儀を尽くし、武勇を尽くし、信義を尽くし、質素を尽くし、初めて忠義をつくすことになる。みなは元気はつらつたるべし、礼儀をつくすべし」

この言葉で訓示を締めくくる。まさに伊舎堂用久そのものである。

伊舎堂が婚約者から受け取った13通は出撃後、家族宛の遺品が収められていた柳行李《やなぎごうり》に入っていた。婚約者宛の1通は戦後、婚約者の家族から石垣島に送られた。

花蓮港に移動以来、近況報告は手紙のやりとりだけになった。だが、残された文面からも結婚を前にした2人の華やいだ雰囲気が伝わってくる。


今朝五時より愛知県下では防空演習がございました。海軍航空隊が参加致しまして、模擬焼夷弾《しょういだん》や爆弾を投下致しました。低空飛行で操縦者がはっきりとわかりました。お便りも日数がかかりますので、何か面白い感じが致しますわね。大体、早くて一カ月かかると思いますわ。

（昭和19年4月29日付）


この後、伊舎堂が台湾から最初の手紙を送った。婚約者の次姉が5月末、海軍大尉と結婚式を挙げ、新婚旅行は熱海、勤務は横須賀海兵団教官のため、次姉の新生活は横須賀だった。


お待ち致しておりました台湾よりのお手紙、嬉しく拝見致しました。おとぎ話でも聞いておりますように愉快です。

私も姉達に恥じぬ立派な家庭の建設を致したいと、できる限り修養したいと努力致しておりますけれど、世間の苦労を知らずに育っております私ゆえ、今後の世の荒波を考えるとき、何か不安を感じさせられます。

八月お帰りの節には、お土産をたくさん持って来て下さいませね。

気候不順がちのこの頃、どうぞ十分ご自愛下さって元気に一日も早く内地にお帰りをお待ち致しております。


（昭和19年6月5日付）


長姉が伊舎堂に送った手紙には「末っ子の甘ちゃんで困ります」と書かれていた。周囲の大人たちに、かわいがられて成長した甘え上手な19歳であることが文面からにじむ。

次は公務のため伊舎堂が台湾から石垣に帰郷したことを手紙で知らせたようで、その返事だ。

六月十日付の航空便、昨十八日正午ごろ相届き、いよいよ懐かしく拝見致しました。

文庫より出しつつ入れつつ、幾度も幾度も拝見致しております。

先日まで当夜も日も短しと言い、暮らしておりましたのに、お別れいたしましてより、いかばかり長く日夜を過ごしております。

千秋の思いとは、この日頃を申しますのでしょう。

お父様よりご丁重なる御玉章《おんたまずさ》を頂戴致し、誠に有難うございました。私ごとき者を御承諾いただき、お恥ずかしゅうございます。

公用のため再度のお国帰りなされたよし、近々、お住まいになられる間だけでも、できうる限り、故郷の土をお踏みになられれば、皆々様、お喜びなられることと思います。

お父様、お母様、皆様いかがでいらっしゃいますか。

久々にての御面接、いずれさまざま、さぞさぞ、ご満悦あるばかりとお察し致します。

（昭和19年6月19日付）

夏服姿の自分の写真と台湾で買い求めた黒砂糖を伊舎堂が送る。戦局悪化で物資が不足し、甘いものはすでに貴重品となっていた。

早速、郵便受けを見ますと、用久様よりのお便りという小包が届いておりました。防暑服をお召しになられたご立派なお姿、早速、お母様、お兄様にご覧にいれようと思いまして、上京の折、持参してまいりました。

お写真、本当にたのしみなものでございますわ。私も写し次第、お送り致します。

貴重なお砂糖、たくさん送付くださいまして、誠に有難う存じました。

遠方から飛行機で持って来てくださったと思えば、もったいなくて使い道に迷うほどです。用久様のお帰りになるまで、保存しておきますわ。

台湾はいかがな物がございますか、わかりませんが、お姉様に頼まれたのですが、白革靴、九文七分（23センチ）くらいです。革がございませんでしたら、布でも結構です。お手に入りましたら早速お送りくださいませ。お願い存じます。

私も入用なんですけれど、何よりお気の毒な気が致しまして、お願いできかねますわ。そのほか、革の草履でもございましたら、お願い致します。

軍務ご多忙中、勝手なお願い申し上げまして、失礼でございますが、お願い致します。

（昭和19年7月19日付）

5月に結婚式を挙げ、横須賀で生活を始めたばかりの次姉の新居を婚約者が母と連れだって、訪問した。

敵のサイパン島上陸のニュースを聞きますにより、逗子のお兄様の申しますに、花蓮港におられたら、多分、サイパン島攻撃に動かされたのでしょうかと申しますので、その後、お元気でしょうか。母姉とともに、ご案じ申し上げております。

七月八日以来上京中、母の病後保養を兼ね、心ゆくまで遊ばせていただき、姉の新居で毎夜遅くまでおしゃべりしました。ちょうど用久様が愛知にいらっしゃいました時を思い出し、今は楽しく、その写真を見返しております。

バリトンのお上手な用久様のお歌が聴こえてくる様な気が致します。

お懐かしいお写真有難うございました。本当によく撮れて、実物の通りでございますの。なんだか急にお会いしたくなりました。

姉さまの新家庭に母と二人で伺いました。新しい住居で新婚二人の和やかな明るい楽しそうな家庭を見てまいり、私たちはより以上に楽しい家庭を作ろうと胸に焼きつかせてまいりました。

本当に一日のお忙しい時にのんきなことを書きましてお許しくださいませ。あまりにお写真がよく撮れておりますので、姉たちに差し上げようと思っております。恐れ入りますが、四枚ほど焼き増しをお願い致します。

（昭和19年7月28日付）

姉の新婚生活と自分と伊舎堂の将来を重ね合わせる。台湾花蓮港と愛知という遠く離れた2人だが、いつかは無事、本土に戻り新婚生活を送ることを夢見ていた。

昭和19年4月、台湾花蓮港に着任した伊舎堂は短期の任務で、交代要員が着任後、帰国予定だった。だが、6月16日の米軍上陸から始まったサイパン島では7月7日、4万名を超える日本軍守備隊が壊滅、制空権を米軍に奪われる。戦局が急速に悪化するなか、航空隊の再配置など事情が刻々と変わっていった。

8月の帰国が中止になったことを報告した手紙の返信である。

近頃、琴のお稽古《けいこ》を少し始めました。毎夜、一曲ずつおさらいをしながら、用久様の尺八を想像致しております。

私は古曲の方が好きで新曲はほとんど致しません。「六段の調」が曲のなかでは一番好きなので、暇をみて弾いております。

ただいま、お兄様より、開襟シャツを作るように頼まれまして、盛んにミシンがけを致しております。用久様にも何かお作りして差し上げようと思っております。いかがなものがご入用でございましょうか。何でもお作り致します。

満州に住む三姉からも、私どもの結婚式にはぜひ出席いたしたく申しておりましたが、いつごろご帰還あそばされますか。皆様とてもお待ちかねでいらっしゃいますが、公務のことでおわかりにならぬと存じます。

八月にはお帰りになられるというお話でございましたので、心待ちに致しておりましたけれど、お手紙を拝見いたしますと、ご都合のため八月には、お帰りになられませぬご様子、淋しい気が致します。

しかし軍人の家庭に生まれました私にはその点よく理解致しております。母も姉も充分理解しております故、ご安心くださいませ。

用久様のご無事でご帰還あそばしますまで、お帰りになられます日の早からんことを楽しみにお待ちしております。

文通にて、お帰りになられるまで楽しみましょう。

（昭和19年7月28日付）


新婚の2番目の姉から伊舎堂に届いた手紙には「あなたが尺八を大変上手になさることを耳にし、いつかの日、静かにかなでる日もあろうかとお稽古に一生懸命らしいです」と、合奏を夢みて琴の稽古に励む妹の愛らしさが伝えられていた。


すでに、ご存じでございますように大宮島（グアム島）での激闘も最後の段階に突入致しました。また敵機動部隊がついに小笠原諸島沖にも出現してまいりました。皇国の隆替《りゅうたい》を賭した決戦の秋《とき》です。

北九州地域は空襲に逢遇《ほうぐう》致しましたが、大本営の発表のごとく、僅少なる被害にして「備えあれば恐れなし」。防空壕は有益にして深ければ深いほど可というようなことにて私ども、お庭の壕もただいま改造致しております。

こちらは朝夕、だいぶしのぎやすくなってまいりました。常夏の台湾におられますと、まだまだ暑さの盛りが続くことと存じます。美しい秋の月を眺めながら虫の音を子守唄として……。ただいまお手紙を差し上げております。毎夜、月を眺めますたびに、幾千里遠く離れて用久様もいまごろ月を眺めておられますか、また夜間飛行でお忙しいのかしらと一人もの思いにふけっております。

(日付不明)

ちょうどこの頃、台湾では陸軍特攻隊の編成が進められていた。昭和19年10月25日、レイテ沖海戦で初めての特攻攻撃が行われる。

同6月15日から米軍のサイパン上陸作戦が始まり、7月7日にサイパン島が陥落。フィリピン、台湾、沖縄が次の目標であることが明確になった。

10月24日、シブヤン海海戦で戦艦武蔵が米軍機の猛攻にさらされ、撃沈される。日増しに日本の敗色が濃厚になっていった。

翌25日、レイテ島沖で海軍の関行男《せきゆきお》大尉率いる「神風特別攻撃隊敷島隊」が米機動部隊に初めての体当たり攻撃を敢行。陸軍では11月7日、ラモン湾東方海上で、山本達夫中尉率いる富嶽隊《ふがくたい》が敵艦船に体当たり攻撃をした。

陸軍初の特攻隊「万朶隊《ばんだたい》」は11月12日、レイテ湾で田中逸夫曹長が率い、攻撃を行った。本来、最初に出撃するはずだった隊長の岩本益臣《ますみ》大尉が11月5日、マニラの軍司令部に航空機で向かう途上、米軍機に襲撃され、岩本以下4名の将校が無念の戦死。以来、「隊長の無念を晴らさん」が合い言葉になり、田中は岩本の遺骨を抱いて、出撃した。

11月中旬、台湾花蓮港からフィリピンのルソン島ツゲガラオ基地まで、伊舎堂用久は99式軍偵察機で飛行、米軍の進攻状況や特攻隊の現況などを10日間にわたり偵察分析する。整備の岡本泰憲曹長だけが同行した。

夕食後、ツゲガラオ基地の宿舎を抜け、2人で空を見上げる。交わす言葉はなく、無言のままだった。岡本が手記に残している。

「群青色に澄んだ夜空に散らばる南十字星を伊舎堂中尉と感無量の想いで眺めた思い出は忘れられない」

この時点では台湾での特攻隊編成は決まっていなかった。しかし、伊舎堂を単機で現地視察に行かせた理由はひとつしかない。

沖縄で特攻隊出撃命令を下す際、敵を迎え撃つ沖縄県民と後続の陸軍航空将兵の士気を高める上で、第8飛行師団幹部は郷里の英雄を最初の隊長にすべきと当初から考慮していた。無論、伊舎堂自身もその意をくんでいた。

11月末、第8飛行師団に特攻隊編成指示が出された。師団長、山本健児少将は決断できずに苦悩する。

「事ここに至っては特別攻撃を敢行する以外に戦勢挽回のみちなし」

作戦主任参謀の石川寛一中佐の意見具申を受け、やむなく実施に踏み切ることになった。

編成される隊は当初、「と号17飛行隊」という呼び名だった。「と」は特攻の略だった。死に向かう道しかない集団の要諦は団結心とひとりひとりの闘志の高揚、持続だった。そのためには集団を率いる隊長の責任感や統率力、人柄、技量が重要になる。部下にこの人とならば、と思わせるような男でなければならない。

編成を任された石川は隊長に伊舎堂を指名した。陸軍士官学校41期の石川は偵察出身で、伊舎堂との関係も深く、知悉《ちしつ》の間柄でもあった。

伊舎堂を司令部に呼び出し、隊長就任を要請した。何の迷いもためらいもなく、伊舎堂が即答する。

「私にやらせてください」

12月8日、「誠第17飛行隊」が編成された。伊舎堂は12月1日、大尉に昇級した。希少な石垣島出身の飛行隊長が郷土から特攻出撃する筋書きが完成した。

伊舎堂用久大尉　　陸士55期、24歳、沖縄出身
石垣《いしがき》仁《じん》中尉　　陸士56期、23歳、山形出身
安原《やすはら》正文《まさふみ》少尉　　幹部候補生9期、24歳、高知出身
川瀬《かわせ》嘉紀《よしのり》少尉　　特別操縦見習士官1期、24歳、山形出身
大門《おおかど》修一《しゅういち》少尉　　特別操縦見習士官1期、24歳、茨城出身
久保《くぼ》元治郎《げんじろう》少尉　　特別操縦見習士官1期、22歳、千葉出身
芝崎《しばさき》茂《しげる》少尉　　特別操縦見習士官1期、23歳、埼玉出身
黒田《くろだ》釈《さとる》伍長　　少年飛行兵、21歳、愛媛出身
有馬《ありま》達郎《たつろう》兵長　　少年飛行兵、17歳、鹿児島出身

林《はやし》　至寛《よしひろ》兵長　　少年飛行兵、17歳、東京出身

小林《こばやし》　茂《しげる》兵長　　少年飛行兵、16歳、東京出身

誠第17飛行隊11名のうち生き残った者は誰ひとりとしていなかった。

誠第17飛行隊。後列左から大門、川瀬、石垣、伊舎堂、安原、芝崎。
前列左から有馬、久保、黒田、小林、林

かわぬ結婚を夢見る婚約者

誠17飛行隊全隊員が台湾花蓮港に集合したのは結成から11日後の昭和19年12月19日。出撃が予定されている石垣の白保《しらほ》飛行場に進出するまでの3カ月間、それぞれに隊員が青春を取り戻す最後の時だった。

限りある命の若き隊員たちにとって、故郷の父母弟妹を思い起こさせたのは「台北酒売捌所《たいほくさけうりさばきじょ》」を営んでいる五十嵐重蔵の家族だった。

群馬県榛名山の麓にある久留馬《くるま》村（現・高崎市）で警察官吏をしていた重蔵は花蓮港にわたり、台湾総督府地方理事官や台湾東部の山間にある村、鳳林《ほうりん》の郡守《ぐんしゅ》を務めた。

退官後、酒の専売免許を得て、酒売捌所を経営する一方、市会議員や米穀販売所専務、市公会堂監査役なども兼務する地元の名士であった。

偶然にも重蔵の長男の重行と同じ航空隊に隊員3名が所属していた。安原正文少尉、川瀬嘉紀少尉、大門修一少尉だった。

「両親が台湾の花蓮港に住んでいるから休みの日に遊びに行ってくれ」

過酷な訓練に明け暮れた後、早晩、出撃する3人を気遣い、重行が声をかけてくれた。3人以外にも多くの隊員が休日のたびに繁華街の朝日通りにある五十嵐家を訪れた。

「まるで息子が帰ってきたよう」

重蔵の妻、トキはかいがいしく隊員たちの世話をする。隊員が顔を見せると、少しでも家庭の雰囲気を味わわせようと、軍服から戦地にいる重行の絣《かすり》の着物に着替えさせ、庭で飼っていた鶏をつぶした鳥すき焼きや手料理で歓待した。

山芋のとろろ汁が大好物だった川瀬はお代わりをした上、わずかにとろろが残ったすり鉢に残りご飯を入れて食べるほど、互いに遠慮がなくなっていた。

いつしかトキは隊員から、「お母さん」と呼ばれるようになった。

五十嵐夫妻には小学校6年生になる娘、千鶴子がいた。幼い弟妹がいる隊員も多く、みんなは、「ちづちゃん」と呼び、本当の妹のようにかわいがった。

伊舎堂だけは五十嵐家に足を運ぶことはなかった。確実な死を背負った部下がくつろいでいるところに上司が出向くことを無粋と気を遣っていた。

「いつも部下がお世話になっています」

五十嵐家に挨拶に訪れたことがある。数日後、感謝の気持ちを示すため、訓練が行われていた花蓮港北飛行場にトキと千鶴子を招き、すき焼きを御馳走した。

「ほら、野菜も食べなさいよ」

優しく笑いながら、人見知りしてはにかむ千鶴子の皿に取り分ける。

戦後になっても、千鶴子はそれぞれの隊員すべてを記憶していた。「よし兄ちゃん」と呼んでいた川瀬嘉紀は朴訥《ぼくとつ》としてきれいな目をしていた。「がんちゃん」と呼んだ久保元治郎は朗らかな性格、石垣仁はすごく優しかった。

17歳だった有馬達郎を「たっちゃん」と呼び、友達のような感じで接した。

隊員たちは千鶴子と石蹴りやトランプ、すごろく、かくれんぼをして子供に戻って一緒に遊ぶ。

スマートボールのように球を棒で突き、盤の穴に入った球の多さで勝負を争うコリントゲームも楽しんだ。当時、流行したゲーム機で、五十嵐家がいかに裕福であったかがわかる。隊員たちは無邪気そうに遊び、声を上げて笑った。

最も仲がよかったのは安原正文だった。安原は大きなマントの下に千鶴子を隠したまま街を出歩き、敬礼する下士官の前でマントをパッと開く。

「驚く兵隊さんの顔が忘れられない。安原さんの体温まで覚えています」

台湾花蓮港で特攻隊が結成され、伊舎堂は隊長に就任する。しかし、婚約者に告げることはできないまま、時は過ぎていく。何も知らない婚約者は新春の喜びを手紙に記す。

明けましておめでとうございます。

用久様には、お健やかに御越年あそばされ、めでたき春をお迎えのことと何より、うれしくお祝い申し上げます。

私どももおかげさまにて、ささやかながら決戦下の新春を迎えました。

先日、台湾へ艦載機五百機が来襲したニュースを聞きましたとき、用久様にはいかがいらっしゃいましたかと、ご案じ申し上げております。内地も連日の空襲であわただしい、その日を過ごしております。

帝都はいうまでもなく、名古屋付近にも爆弾、焼夷弾がたびたび投下されました。

毎夜、二、三回はB29の爆音が聞こえてきます。いざというときに日頃の訓練を発揮しようと待ち構えておりますが、いくら心臓が強い私でも夜中の空襲は気持ちがよいものではございません。

先日、遠州灘を震源として相当、大きな地震がありました。倒れた家もございましたが、私どもではところどころの壁が落ちました程度ですみました。

申し遅れまして、まことにすみませんでした。用久様には十二月一日付にて大尉にご進級のよし、おめでとうございました。

早くお元気なお姿で、お帰りくださるとよろしいと思っておりますのよ。いつお会いできるかどうかわかりませんね。

ただいま、東京の姉が疎開にまいっておりますので、賑やかです。

内地よりのお手紙届きますでしょうか。完全に届く、お便りは少ないのではないでしょうか。

用久様もお暇をみて、お便りくださいませ。お待ち致しております。

きょうはこれにて失礼いたします。くれぐれもお身体お大切になさいますように。

お元気で。母、姉もよろしくと申し上げております。


（昭和20年1月9日付）

飛行隊の最年長は伊舎堂の24歳、他も24歳から16歳までと、現在なら高校生から大学を卒業したばかりの極めて若い特攻隊員だった。自発的志願か、推薦があり断り切れなかったか、理由はさまざまだが、志願者に妻帯者は少なく、誠第17飛行隊の部下にも結婚していた者はおらず、婚約していたのも伊舎堂ひとりだった。


お元気でいらっしゃいますか。お便りございませんので、いかがなさったのでしょうか。

ご進級の御事、おめでとうございます。

時局もますます重大になっておりまして、お仕事もお忙しくいらっしゃいましょうが、お便りくださいませ。

用久様のお便りをいつも楽しみにお待ちしております。私からもたびたび、お便り致しておりますが、お受け取りなられましたでしょうか。

以前、私の写真をお送り致しましたけれども、いかがなものでございましょうか。

一月九日付のお便りお届きましたでしょうか。輸送の関係で相当、着かなかったお手紙もございましょうか。

台湾も毎日のように敵機が来るようですが、別にお変わりもございませんでしょうか。防空壕が完全でなければと思いまして、先日、表の庭に掘りましたのよ。資材がありませんので、畳を戸板に乗せてつくりました。私一人で掘りましたので、手が豆でいっぱいになりました。

こんな時に、お砂糖でもあったらと残念に思います。

今日このごろ寒さが格別です、雪雨が降り出してまいりましたわ。なんと申しましても暑い方が生活も易いものです。お火鉢に向かって赤ちゃんの着物を作っております。

姉が下旬に、お産しますので準備しております。

用久様は毎日、何していらっしゃるかしらと思い考えては、お便りの来るのを楽しみにしております。

母と何度も申しますのよ、「早くお帰りになられるとよろしいのにね」。でも時局を考えますとき、お互い勝つまでは頑張りましょうよ。

そして、一日も早く好機の到来をお待ちいたします。

飛行映画を見ますたびに、用久様のお姿が想像されます。

母の慰安に「索敵行」や「大航空の歌」その他を歌って聞かせておりますのよ。用

久様のお上手な歌を拝聴したくなりますわ。
きょうはこれにて失礼致します。ご身辺おいといあそばすように。

（昭和20年1月23日付）

待ちわびていた伊舎堂から、1月9日付の便りが婚約者の元に届く。伊舎堂は手紙で、誠第17飛行隊の隊長就任を報告。戦死を前提にした特攻隊と知らない婚約者はお祝いの言葉を送る。南西諸島や台湾周辺の制空権、制海権を失い、郵便事情が急速に悪化、手紙の輸送も遅れがちになる。2月8日付で返信を出した。確認されている婚約者からの最後の手紙である。

お便りによりますと、進級の上、隊長になられたご様子、おめでとう存じます。
隊長になられては、お仕事の方もお忙しくいらっしゃいますでしょうね。
用久様は操縦の方でいらっしゃいますの、偵察の方でいらっしゃいますでしょうか。
どちらですか。私、わかりませんのよ。
月日のたつのは早いものですこと。

用久様と浜松でのお見合いでお会いしてから、もう一カ年近くなりますわ。当時を思い出すと、恥ずかしくなります。

お手紙を拝見致しますと、台北の梅屋敷にお泊まりでいらっしゃいますのね。すると、花蓮港にはいらっしゃいませんの。あちら、こちらとご出張でいらっしゃいますのね。

台湾の空襲はいかがでございますか。最近は頻繁にあるように聞いておりますので、心配致しております。

一月中旬に一度、小型爆弾6個ほど、私の家より四丁（約440メートル）ばかり離れた所に投弾されました。畑の中でした。夜など床についたまま戻りますのよ。これからますます、激しくなることでしょうね。

母は秋ごろから、まだ引き続いて床についております。長い間の衰弱で体がだいぶ弱ってまいりましたので、心配致しております。

ただいま、東京より姉が休みで来ておりますので、何かと心強くございます。一日も早く平癒するように、神仏に祈っております。

桜咲くころにもなれば、全快致しますことと思います。用久様も、まったくご心配なさいませぬように。
先日、用久様がお帰りなされた夢をみましたのよ。
もう飛行機を取りに、内地にいらっしゃるようなことはございませんでしょうか。

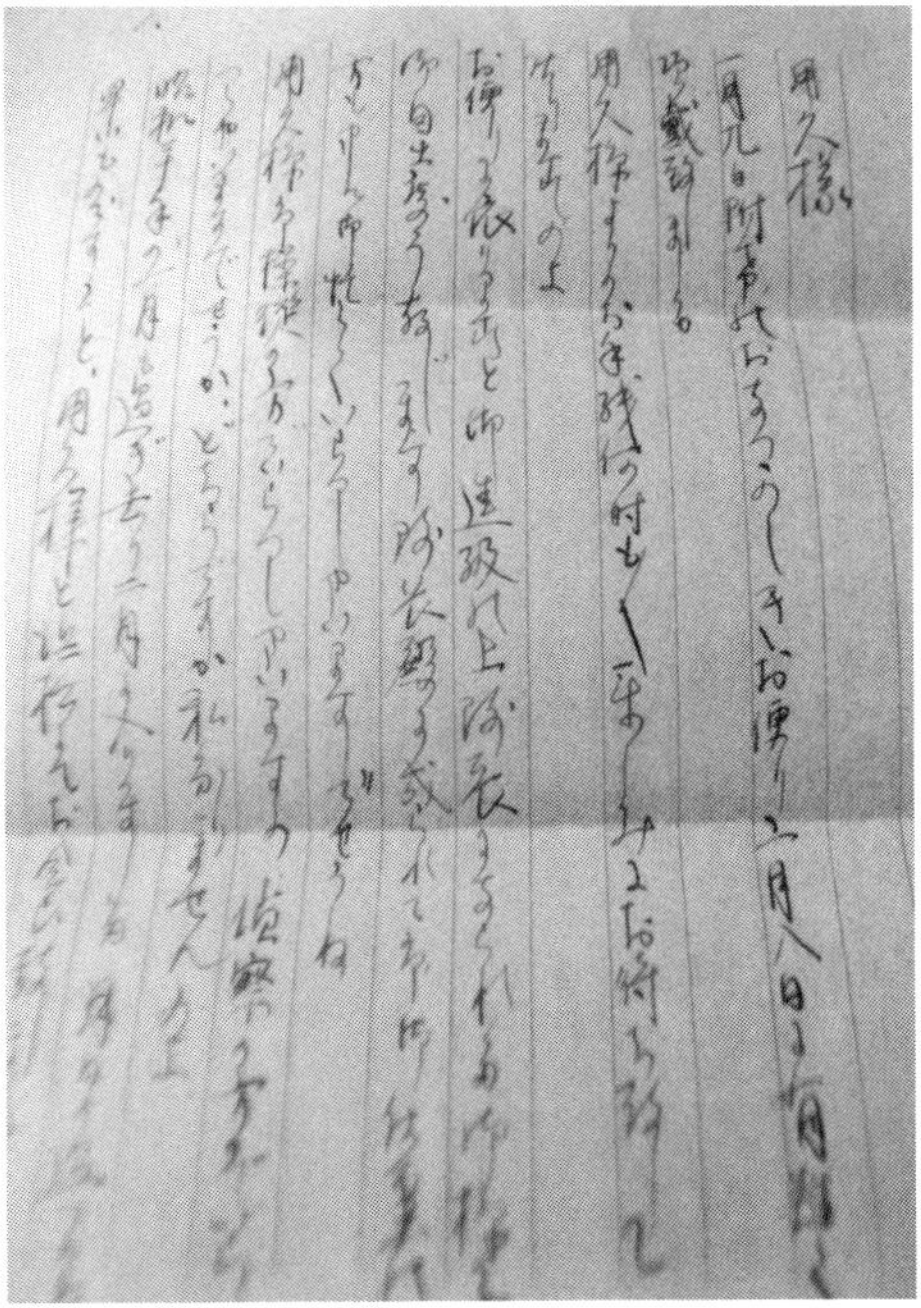
用久様

婚約者から伊舎堂に送られた手紙は
13通残っている

またいらっしゃるとよろしいのにね。
ただいま午後七時ごろです。姉はもう床の中です。
私もこれでお休みに致します。きょうはこれにて。くれぐれも御身《おんみ》お大切になさいませ。乱筆乱文お許しくださいませ。
（昭和20年2月8日付）

婚約者が手紙をしたためた日付の10日後、伊舎堂は台湾花蓮港から石垣島白保飛行場に移動した。

伊舎堂と会うこともかなわず、手紙の頻度も減り、結婚話も一向に進まない。母は病で床にふせ、昼夜問わず警報が鳴り響き、いつ空襲を受けるかわからない。心の奥底にある不安がにじみ出る内容である。

文中、伊舎堂が梅屋敷に宿泊とある。伊舎堂は出撃打ち合わせのため、花蓮港から台北に出張していた際、宿泊先の梅屋敷という割烹旅館から手紙を書いたのだった。

最後の手紙「あなたを思う心はいつも変わりません」

花蓮港から石垣島に移動する2日前、五十嵐家で送別会が催された。隊員たちにとっては最後の晩餐《ばんさん》となった。

千鶴子と一緒に明るくはしゃぐ隊員たちの様子を見たトキには、こんなに元気で聡明な若者たちがとても生きて還れぬとは思えなかった。

昭和20（1945）年2月18日。誠第17飛行隊の最後の目的地、白保飛行場に出発する日がやってきた。

伊舎堂の心配りで迎えの自動車が五十嵐家に差し向けられ、トキと千鶴子は花蓮港北飛行場に向かった。

2人が飛行場に到着した際、すでに伊舎堂が整列した隊員たちに搭乗前の訓示を行っていた。訓示が終わると、安原が駆け寄って敬礼をする。

「ここに吊してあるよ」

上着をまくり、ズボンの腰につけているお守り袋を千鶴子に見せた。千鶴子手作りの小さな人形が入ったお守り袋だった。
いったん操縦席に乗り込んだ川瀬も千鶴子のもとに走ってきて、飛行機の羅針儀《らしんぎ》（コンパス）を渡す。操縦席にあったものを外し、取り出したのだった。

飛行に欠かせない羅針儀を取り外すことは死を覚悟していることを意味する。生きていた証拠として川瀬は羅針儀を千鶴子に託した。

エンジンが始動し滑走路に轟音が響く。順に離陸する。大勢の関係者が旗を振り、飛行隊を見送る。トキと千鶴子も旗を振った。幼い千鶴子にとって特攻死は想像できなくとも、あの優しいお兄ちゃんたちがいなくなる。飛行場上空で編隊を組み、東の海上に飛び去る。悲しくて、悲しくて、飛行機が見えなくなるまで、千鶴子は懸命に大きく旗を振った。

お人形よ

石垣島に無事到着した安原から、千鶴子にお守り袋とは別のお手製の人形が届く。安原にプレゼントしたものだが、出撃後、安原とともに海の藻屑《もくず》になるのは忍びないと感じた。手紙も添えられていた。

風鈴よ
鶴よ
はるばる遠くの島まで来てくれて、毎日みんなを慰めてくれたね。ありがとう、お礼を云います。
誰もいなくなったら、花蓮港のおばさんのところに帰って、いつまでもかわいがってもらいなさい。
さようなら

母と慕われたトキは俳人でもあった。かけがえのない息子たちを失った心情を歌に残している。

如月や　大義に生きて　帰り来よ
熱涙を　ぬぐいて立てば　春の雷
永き日や　子ら来て去りし　あとの母

石垣島白保飛行場に移る前日、伊舎堂が婚約者に最後の手紙を出す。特攻隊隊長として戦死を覚悟し、故郷の両親や姉妹を守ろうとする昂揚した思いと、婚約者に何も告げず出撃する無念の思いが交錯していたはずだが、動揺を悟られないように淡々と綴られている。

再三再四のお手紙ありがとうございます。便りの到着まで、相当長い日数をようするようです。

十月二十九日付のお手紙は今年の二月七日、一月九日付のお手紙は案外、早くて一月十五日に拝見致しました。写真同封のお手紙はまだ、いただいておりません。

相変わらずお達者にお過ごしのよし、何よりです。東京のお姉さまからも、しばしばお手紙をちょうだいしております。

お母様の病状はその後、いかがでしょうか。早くお治りになるのを台湾より、東の方を向いて、いつもお祈り致しております。

海山遠く離れておりましても、たとえ文通は少なくても、お母様、あなた様のことを思う心はいつも変わりません。

「海山遠く　隔てて君は　千里の外に　いでましぬ　やさしき姿　温かき言葉　いまも忘れず　思うかな」という歌がありますが、その通りであります。

戦局、いよいよ苛烈《かれつ》となってまいりました。内地も毎日のように空襲でしょうね。台湾も、毎日毎日やって来ます。敵の空襲は、いつも一定しておりますので、敵の飛行機がやって来ますと、定期便が来た、定期便が来たとか、お客さんがみえたとか言っております。

さる十七日、本土近海に敵機動部隊が来襲し、艦載機をもって空襲したとのことですが、被害はございませんか。

昨年の十二月十日より、誠第十七飛行隊の隊長となり、醜艦醜敵《しゅうかんしゅうてき》をやっつけるべく猛訓練中です。

猛訓練をやれば、犠牲者が出るのは普通であります。

先日は少年兵出身の若々しい元気に満ち満ちた操縦者を失い、責任を感じるとともに残念に思っております。

末筆ながら、お母様のお病気の早くお治りになるのをお祈り致します。

お体を大切に。

二月二十七日　伊舎堂

受け取った婚約者もこれが最後の手紙とは感じなかっただろう。「お母様、あなた様のことを思う心はいつも変わりません」という部分以外、いつもと変わりない便りだった。それが一層、伊舎堂の去来する感情を押し殺したようで胸に迫る。

手紙の中でふれられている、訓練のさなか死亡した少年兵出身は小林茂兵長である。東京出身、16歳と最年少の隊員だった。隊長以下11名で結成された誠第17飛行隊は10名で石垣島に向かった。

第2章

特攻隊員たちの青春

いまはただ明鏡止水の心境です

昭和20（1945）年2月28日、誠《まこと》第17飛行隊は石垣白保《しらほ》飛行場に到着した。伊舎堂用久《いしゃどうようきゅう》にとって7年ぶりの故郷で過ごす最期の37日間だった。

石垣島到着の翌日、米軍が硫黄島に上陸。硫黄島を占領し、日本本土爆撃を展開したい米軍と、長期戦に持ち込み、本土侵攻を阻止したい栗林忠道中将率いる日本軍それぞれの思惑があった。

驟雨《しゅうう》のような艦砲射撃を加えた上で、米軍7万名が上陸を始めるが、待ち伏せた日本軍の猛攻に遭い、多大な損害を被る。

大兵力の米軍に対し、日本の守備隊は約2万名と兵力差は圧倒的である。米軍は攻略することは容易と踏んでいたが、島中に掘られた地下トンネルを駆使した日本軍のゲリラ作戦により苦戦する。

だが、米軍が徐々に抵抗を続ける日本軍を追い込み、3月26日に日本軍が最後の総攻撃を行い、日本軍が全滅、硫黄島の戦いが終結した。同じ日の明け方に伊舎堂隊が白保飛行場から出撃する。

隊員は飛行場近くのオーセと呼ばれる拝所がある白保集落の中心に分宿する。オーセは琉球王府時代、人頭税を徴収する番所が置かれていた。

前盛善加の自宅が伊舎堂の隊長宿舎としてあてがわれる。前盛家は名家で、当主の善加は大浜町の町議を務めたこともあった。

立派な門をくぐると、目隠し用の屏《へい》（ヒンプン）があり、その奥の2間の座敷が隊長室だった。伊舎堂は6畳間に布団を敷き、個人の部屋として使い、8畳間は来客などのために空けておいた。隣の家の炊事場で当番の下士官が準備し、食事を運んできた。

前盛家には息子の善介、妻の敏子と2歳になる長女、喜美子がいた。歩いて行ける距離にもかかわらず会えない妹を思い出すのか、伊舎堂はよく喜美子を膝の上にのせ、かわいがっていた。

石垣仁《じん》、安原正文、川瀬嘉紀《よしのり》、大門修一《おおかど》、久保元治郎、芝崎茂の将校は大島家に、黒田釈《さとる》、有馬達郎、林至寛《よしひろ》の下士官は新良《あら》家が宿舎となった。

毎朝、オーセ前に集合し、全員で体操を行う。その後、隊長宿舎前で点呼をとり、その日の作業日程や行動確認を行い、最後に隊長が訓示をするのが日課だった。

門前で伊舎堂がキビキビと名前を呼び、隊員が返事をする光景を見た敏子は規則を厳格に守る軍隊の様子に驚かされる。

「物腰の柔らかい方で、隊長は部下に対しても、温情味ある態度で接し、叱りつけるようなことはありませんでした」

死にだけ向かっていく伊舎堂の心中をおもんぱかり、話しかけたこともあった。

「夜はきちんと熟睡できますか」

「出撃の日を待つのみですから、何も考えずに、その日が来るのを待っています」

最後に付け加えた。

「いまはただ、明鏡止水の心境です」

伊舎堂は地元出身の有名人だったが、前盛家の家族以外、他の島民たちと接触することはほとんどなかった。

伊舎堂の母ミツと妹の三女トヨ子、四女節子が隊長宿舎を訪ねてきたことがある。

善介がそのことを伝えると、伊舎堂は毅然として面会を断った。

「部下は本土出身で、帰りたくても帰ることができない。部下の気持ちを思うと、自分だけ家族に会うことはできない」

陸軍士官学校入校以来、故郷に帰ることがかなわず、あれほど会いたかった母と妹たちだ。しかし驚喜するどころか、すげなく追い返す。

「大尉殿は会うことはできないと言っている」

母と妹たちに善介が申し訳なさそうに言った。自宅のある登野城《とのしろ》と白保の間は10キロ近くある。子供の足では3時間以上かかるだろう。会えないまま、落胆し帰って行った。

「公私の区別について、かなり厳格に考えていた。妹さんが手作りのご馳走を持参して面会にきても会わなかったようだ。せっかく訪ねてきたのだから、堅苦しく考えずに会ってあげたらどうか、と勧めたことがある。しかし、部下は帰ろうと思っても帰るところもない。いくら肉親でも部下の手前、忍びないと拒み通したことは並の人のできることではない。こういうことなどで部下たちは心服していた」

上司の第9飛行団長の柳本栄喜大佐は戦後、こう書き記す。柳本も面会を勧めるが、伊舎堂は頑なに拒んでいた。


わずかに残された青春を取り戻すかのように他の隊員たちは南の島の待機生活を楽しん

だ。

白保小学校が兵舎として接収されており、授業がない子供たちが毎朝、オーセに集まってくる。

いつの時代も、ちょっと大人で何でもできるお兄ちゃんが子供たちは大好きだ。しかも、石垣島にはちょっといない空を飛ぶ飛行機に乗ることができるお兄ちゃんたちである。子供たちは隊員に遊んでもらいたくて仕方がない。

夜間や早朝の飛行訓練が主で、昼間は自由だった。隊員は子供たちを引き連れ、海に行き、タコやカニを捕ったり、貝を拾ったりして遊ぶ。銃訓練の実力を見せ、パチンコでメジロやヒヨドリを捕ることもあった。

乗馬演習がある陸軍士官学校出身の石垣仁はもちろんだが、他の隊員も馬の扱いは慣れている。近所から馬を借り、みんなで遠乗りし、石垣島の早春を満喫する。

故郷の絆

伊舎堂用久は大正9(1920)年、父の用和《ようわ》、母のミツの間の3男4女の三男として石垣島登野城で生まれる。

琉球王府の記録係だった家系で、大濱という姓だったが、王府時代の上司にあやかり、珍しい伊舎堂に改姓した。家系の伝統として、男子は用の字から始まる名が付けられる。

昭和20年2月、九州小倉にある陸軍小倉憲兵隊の伊波《いば》興輝のもとに伊舎堂が訪ねてきた。登野城小学校の同級生だった。

「いよう、急にどうしたんだ」

「やあちょっと、会いたくなってね」

伊波が東京の近衛歩兵連隊初年兵だったころも、少尉だった伊舎堂がたびたび部隊に面会に訪れ、少尉殿来訪の威光で急遽、外出もすることができた。

以来、4年ぶりの再会だった。

小倉で一泊するというので、さっそく酒一升瓶2本を買い込み、伊舎堂の宿舎に向かった。

「君は憲兵だから大丈夫だろう」

伊舎堂は前置きした上で、現在の戦況は極めて不利であり、自分も近く特攻機を指揮して出撃することを話し始めた。

しんみりとなったが、いつしか話題は石垣島となる。小学校裏の松林にあった甘酸っぱいグミの味、おいしそうな見かけのくせしてただただ臭いフクギの黄色い実、それに群がる無数のコウモリ、みんなで宿題をしようと集まってもいつも遊んでいた勉強会……。

「美崎の海を前にして　松のみどりのそのなかに　ひらけ栄えし登野城校」

肩を組み、校歌を歌った。ともに郷里を離れた幼なじみとの懐かしい思い出は尽きなかった。

伊舎堂はもう生きて還れない。最期の別れのために伊舎堂は小倉まで来てくれた。

「節ちゃんを頼むぞ」

幾度となく、伊舎堂はこの言葉を繰り返した。末妹の節子のことだった。自分は死ぬのに妹を想う優しい兄貴。一升瓶2本が空になったが、胸が詰まる思いの伊波はいつものように酩酊《めいてい》できなかった。

伊舎堂は登野城小を卒業後、税務署勤務だった父の転勤で宮古島に移り住み、昭和9（1934）年4月に県立宮古中学校（現・宮古高校）に入学した。

石垣では昭和12（1937）年に県立八重山《やえやま》農学校、昭和17（1942）年に2番目となる県立八重山中学校が開校したが、伊舎堂入学時には上級学校がなかった。

八重山諸島は人口でも石垣町、大浜村、竹富村、与那国《よなぐに》村を合わせて約3万5000人で、宮古諸島の6割ほどにすぎなかった。

当時、学業優秀でも、経済的に恵まれない生徒は高等小学校を卒業後、学費がかからない師範学校に進み、小学校教諭に当たる尋常小学校、国民学校の訓導《くんどう》になることが多かった。

しかし、それほど豊かではないにもかかわらず、伊舎堂家では男子は中学校、女子は高等女学校に進学させている。

県立師範学校を卒業した父、用和は石垣島の小学校で訓導を12年務めた後、税務署に勤務していた。日露戦争では陸軍で武功をあげ金鵄勲章《きんしくんしょう》を授与されている。

「おはようございます」

毎朝、正座して子供たちに挨拶することを求め、謹厳実直でしつけには厳しかった。離島からの進学は学費、下宿代ともにかなりの負担だったに違いない。高給といえない官吏の身では並大抵なことではない。教育に対する並々ならぬ熱意を感じる。

2月に行われた宮古中学校の入学試験では初日に筆記試験、2日目は口頭試験（面接）と身体検査で、結果は伊舎堂が1番だった。

唯一の石垣島出身者が首席とあって、1学年1学級50名、全校生徒250名の小ぢんまりとした中学では入学当初から際立って目立つ存在だった。

しかし、首席入学の伊舎堂を全校一の有名人にしたのは学業ではなく、スポーツだった。

毎年11月6日の創立記念日に行われる秋季運動会は1年から5年のクラス対抗陸上大会が中心だった。

ほとんどの競技に出場した伊舎堂は特に走り幅跳びや三段跳びなどの跳躍競技が得意で、上級生を上回るほどだった。

昭和3（1928）年のアムステルダム五輪で織田幹雄が日本初の金メダルに輝いたこともあり、三段跳びは花形競技だった。

1年生と2年生を幼年組、3年から5年生を青年組に分けての対抗競技が行われた。1年生ながら、幼年組リーダーだった伊舎堂は同級生を誘い、上級生の目が届かないように校内運動場ではなく、別の競技場で極秘に練習、青年組を打ち負かす。負けず嫌いでもあった。

入学直後から伊舎堂は宮古諸島、伊良部島出身の下地実夫《しもじじつお》と気が合った。夏休み前、宮古島平良《ひらら》の海岸で全校生徒による遠泳大会が実施される。波静かな海を大きく円を描き、ゆっくりと泳ぐ。大会の最中、下地の横に伊舎堂が泳ぎ寄ってきた。

「実夫、クラスの連中が俺のことを気に食わん奴とか言うとるそうだが、知っとるだろう。隠さず正直に言ってくれ」

「俺の耳に入らないのはおかしいな。何も聞いていないのだが、そんな噂があるのか」

「理由はなんだろう」

「もし噂が事実とすれば、それは要するにお前が強すぎるからではないか。まあ、そんなことは気にするなよ」

「困ったもんだな」

以後、伊舎堂はそのことに触れることはなかった。

「伊舎堂はいろいろ噂されるだけあって、学業に柔道にスポーツに優れていた。いわば、スーパーマンでした」

中学時代の伊舎堂を下地はスーパーマンと表現するほど、際立つ存在だった。

石垣島白保の隊長官舎を下地が訪ねたことがあった。気心が知れた間柄だったが、伊舎堂が転校したことで、音信不通となり縁が切れていた。

昭和20年1月、下地は千葉の銚子航空隊から台湾台東の独立第47中隊に配属される。伊舎堂所属の独立第48中隊とは兄弟部隊だった。

着任後、先任将校と下地は故郷である宮古島の思い出話をしていた。すると、思い返すように先任将校が言った。

「俺の陸士同期にも石垣島出身がいた」

偶然にも、共通の知人として懐かしい伊舎堂の名が出て、2人で顔を見合わせた。

台東から白保飛行場に用務があり、連絡係として下地が選ばれる。特攻出撃を間近に控えた伊舎堂に肝胆相照《かんたんあいて》らす同期生を激励に使わす、先任将校の取り計らいだった。

夕刻、前盛家の座敷で再会を果たした。

「伊舎堂大尉殿、下地実夫です」

伊舎堂が大尉、下地が中尉だった。

「おい実夫、殿はつけるなよ。何年ぶりか」

「転校してから10年になりますか。こういうところで特攻隊長の貴君とお会いするとは……」

楽しげに昔話をすることをはばかる下地に対し、伊舎堂はかつての腕白をした話や同期生たちとの愉快な思い出を饒舌《じょうぜつ》に語る。いつも通りの明るい表情が強烈に下地の印象に残った。

午後10時すぎ、伊舎堂に見送られ、隊長宿舎を後にした。すでに下地には伊舎堂が現世を吹っ切ったような感じさえした。

文武両道と友愛の伊舎堂《いしゃどう》

父が那覇税務署に転勤になったため、伊舎堂は宮古中学2年時、那覇の県立二中に転校することになった。

リーダー転校による宮古中学同級生の喪失感は大きかった。学年対抗戦が中心だった運動会では以前のような成績を上げることができず、学業とスポーツともに改めて伊舎堂の存在を思い起こさせることになった。


昭和10（1935）年12月、伊舎堂は那覇市城岳にある二中の門をくぐる。25期に当たり、同じ頃、琉球政府副主席や沖縄銀行会長を務めた瀬長浩、第3代県知事や那覇市長を務めた西銘《にしめ》順治らが在校していた。

明治43（1910）年、県立一中の前身である県立中学校分校として開校。県内に大学はなく、中学校が最高学府だった。琉球大学は昭和25（1950）年に開学する。

県庁所在地にある県立中としては歴史が浅かったが、昭和に入り、文武両道の名門校として名を馳せるようになる。

伊舎堂入学の頃には進学率8割を超え、うち5割が国公立大学、進学先には東京帝大や台北帝大、海軍兵学校、陸軍士官学校などが並んだ。

スポーツでも他校をしのぐ活躍をみせる。野球では大正時代末に3年連続で県大会優勝、昭和12（1937）年も県大会制覇、南九州大会に進出し熊本商に惜敗した。他の球技や陸上競技でも県大会を制することが多かった。

転校後、伊舎堂はすぐに得意とするスポーツで頭角を現す。学業では担当にも恵まれ、英語の成績が飛躍的に上がった。

後に琉球政府初代行政主席に就任した比嘉《ひが》秀平が英語担当だった。

沖縄本島読谷村《よみたんそん》のサトウキビ農家に生まれた比嘉は幼少期、収穫作業を手伝っているときにサトウキビ圧搾機（サーター車）に手を引き込まれ、右腕を失う。きき腕がないハンディを乗り越え、二中から早稲田大学に進学する。卒業後、和歌山の高野山中学校を経て母校の英語教員となっていた。

高野山で欠かさず禅を組んでいたこともあり、徳の高い僧のような風貌だった。

伊舎堂は上達するにつれ、興味が増していった授業では質問に的確に答え、比嘉も驚くような見事な訳を披露、大きな声で朗々と教科書を読み上げる。独壇場の様相さえあった。

しかしある日、どうにも伊舎堂の様子が異なる。質問に対し、しどろもどろで答えることができない。運動部の合宿練習で予習を怠っていた。

「伊舎堂君、どうした」

こんなはずではないと、比嘉が幾度も指名するが、やはりうまく答えられない。覚悟を決めたように伊舎堂は起立して直立不動で言った。

「わかりません」

期待の生徒に裏切られたせいか、比嘉は烈火のごとく叱責する。

「わからんとは何事だ。おそらく予習をしてこなかったのであろう。スポーツをやる時間はあるのに、予習する時間がないとは言い訳にならん。そんなことで陸士に合格できると思うか。心得違いも甚だしい」

以後、伊舎堂は比嘉のどんな質問であろうとも、「わかりません」と言うことはなくなり、4年生時には「英語科成績優良賞」を授与される。

比嘉の言にあるように、伊舎堂の目標は一貫して陸軍士官学校合格だった。

昭和6（1931）年に満州事変、7年に上海事変、8年に国際連盟脱退、12年に盧溝《ろこう》橋《きょう》事件と激動の時代へと世の中が動いている時期だった。

そんな世相、風潮も影響しているであろうが、友人にこう語っている。

「自分のことは自分で決める」

宮古中入学時には、すでに陸士志望だった。

陸士や海軍兵学校は東京の第一高等学校と並ぶ難関といわれている。学費の免除、生徒手当も支給される陸士や海兵は学業に優れて体力もあり、経済的に恵まれない子弟の進学に最適だったが、同時に生涯の職業も選択することにもなる。受験時に「学校長の保証書」「郡市長による身元証明」が必要となり、品行方正や校則遵守、良好な性格、家庭環境も問われる。

最初の身体検査と体力検査で半分が脱落した。学業に加え体力と体格、品行など総合的に優れた青年将校候補が求められていた。

宮古中入学直後、陸軍軍医による徴兵検査が実施され、伊舎堂も受検した。

男子は満20歳になると、身体検査を受け、身長や胸囲、体重、視力、聴力、関節運動などの検査結果により、甲乙丙丁戊の5ランクに分類、甲と乙ランクは兵役対象となった。除外になると、まっとうな壮年男子と認められなかったとして、落胆する者もいる反面、虚偽の申告や自傷行為などの兵役逃れも後を絶たなかった。

20歳に満たないが、伊舎堂はほかの志願生徒とともに軍医の検査を受けた。視力や聴力など合格に満たない生徒は進学先を変更せざるをえない。その事前検査であり、伊舎堂は異常なしだった。

大正14（1925）年から始まった配属将校による週2回の教練は将来、陸軍に入ろうと考えている者にとって重要な課目だ。教練で不合格になった場合、陸軍入隊後、幹部候補生になることができなかった。

県立二中の教練採点では速足行進を重視した。

生徒をひとりずつ行進させ、すべての採点を終えると、伊舎堂の模範行進の始まりだった。一歩一歩、指先にも神経が行き届き、肩が回る動きまで華麗だった。

「この行進をまねろ」

だが、運動能力抜群の者だけができる動作であり、多くの同級生には無理な注文だった。

1、2年生が5キロ、3～5年生が10キロの長距離走が毎年、行われた。陸士志望の同級生が5キロの折り返し地点をすぎたところで、息苦しくなり足がふらつき、歩き始めた。深夜に及ぶ受験勉強で練習不足だった。

「それくらいで閉口していたら陸士にいけんではないか」

ずっと前を走っていた伊舎堂が戻って駆け寄り、同級生に声をかけた。

「元気を出して、最後まで頑張るんだ。さあ行こう」

フラフラの同級生を励ましながら、どうにかゴールまで一緒に走る。残っている逸話のひとつひとつが文武両道の高校野球の有能な主将を彷彿とさせる。

進学先ごとに担当教員が学習指導をした。陸士、海兵、高等商船学校の担当は海兵出身教員だった。久茂地《くもじ》にある寺のお堂を借りて補習授業をし、校長も顔を出し、勉強に励む生徒を激励する。進学実績が中学校の評価を左右した。

昭和13（1938）年度の陸軍予科士官学校入学試験は9月5日、那覇美栄橋《みえばし》の沖縄連隊司令部での身体検査から始まった。合格は半分だけだった。不合格者だけ呼び出される。

「次は頑張るんだ、よし」

司令官立ち会いの下、志願票に添付された写真を返される。肩を落とし、司令部を後にする男子にかける言葉は少ない。

翌日、県庁で行われた学科試験は国語と漢文、英語、数学、物理、化学、地理、歴史、作文とほぼ全科目だった。

合格発表は11月3日の明治節。前日に海兵の発表があり、合格通知を受けた者が飛び上がって歓喜する姿を見て、期待と不安が交錯する思いを抱え、その夜を過ごす。

翌日、伊舎堂のもとに電報が届いた。

リクシサイヨウヨテイ　スグヘン　キョウイクソウカンブ

見事、合格だった。スグヘンとはすぐに入学か否かの返事をくれというものである。石垣島に朗報を打電した。二中からの合格者は5名だった。

すぐさま、事前に決められた電報を打つ。

リクシニユク

無用に生き残ることは望まぬ

昭和13（1938）年12月1日、伊舎堂は第55期陸軍予科士官学校に入校する。明治7（1874）年開校の陸士は変遷を経て、昭和12（1937）年に大学の教養課程に当たる予科が予科士官学校として独立して市ヶ谷に残り、本科が士官学校として神奈川県座間《ざま》村に移転した。

2年で予科修了後、隊付き士官候補生6カ月、本科1年8カ月、見習士官2カ月の後に少尉任官する。

55期卒業は1754名。52期509名から、わずか3年で3倍以上に増加している。同期には戦後、賀陽邦寿《かやくになが》となる皇族の邦寿王《くにながおう》が在籍していた。同じ県立二中からは、金城清輝、山本元、諫見《いさみ》正俊、又吉康助が入校。戦後、又吉は沖縄県立知念高校教諭の後、陸上自衛隊に入隊し本土復帰後、初代自衛隊沖縄地方連絡部長を務める。

200名で中隊、40名で区隊が構成され、伊舎堂は第2中隊第2区隊に編入された。中隊長は笠原善修少佐、区隊長は萬年《まんねん》良雄大尉だった。

入校式3日前、物珍しさに校内を歩いていた伊舎堂は同じような初々しい生徒とすれ違いざま、付けている名札を見て、さらに二度見した。

「源河《げんか》」とある。同じ区隊に他にも沖縄県人がいる。源河という姓は、沖縄本島の名護間切《なぐまぎり》源河が起源といわれている。つかつかと歩み寄り、唐突に言った。

「お前は沖縄だろう。中学はどこか」

急に呼び止められた源河朝保も驚く。源河も名札を見た。これは同じ沖縄だ。入学前の不安が和らいだような気がした。

「俺も沖縄だが、中学は台湾だ」

わずか40名の区隊に数少ない沖縄出身者がそろった。これは心強い。2人とも、どうにか陸士でやっていけるような気がした。

戦後、源河は琉球海運に勤務、船客部長などを経て相談役を務めた。

11月30日、第2中隊全員に集合がかかる。整列した200名を見渡した後、中隊長の笠原が口を開いた。

「あすは晴れの入校式である。この日から諸君は陸軍予科士官学校の生徒としての栄誉を担うことになる。従って一度、入校した以上は自分の都合で退校することは許されない。もし本校が不適だと思う者があったら、この場で申し出でよ。いまなら辞められる」

会場に緊張がみなぎる。だが、どの生徒も難関試験を突破し父母兄弟、親類縁者をはじめ故郷の栄誉を担い、駅頭で万歳三唱を受け、上京したはずである。手を上げる者などいるはずもなかった。

翌日の入校式、憧れのカーキ色の制服姿で全員が整列した。校長の甘粕《あまかす》重太郎中将が内外の情勢や生徒への期待を訓示し最後に述べた。

「みなは若い。これから苦しいこと、困難な場面に遭遇することも数限りなくあると思う。だが、微々たる障害や苦難のごときは諸君の若さをもって、克服せよ」

入校した昭和13年末には54期はすでに繰り上げ卒業し、市ヶ谷には55期の同期しか在籍していなかった。上級生の圧力がない安穏《あんのん》とした雰囲気を戒める意味もあり、40名の区隊に幼年学校出身者2名が指導係に指名された。

陸士入校には、旧制中学4年か5年で受験するルート、中学1年か2年で各地にある陸軍幼年学校を受験し、3年後に無試験で入校するルートの主に2つがある。

以前は幼年学校出身者の方が多く、中学出身者を軽視する傾向があった。しかし生徒数急増で、幼年学校出身者が少数派となり、貴重な存在になっていた。

言葉使いで両者の出身が判別できた。「何ですか」と中学出身者が問うのに対し、幼年学校出身者は「なんでありますか」と軍隊用語を使う。もっとも特徴的な言葉が「行ってよくありますか」だった。

入校間もない頃、体操の授業が終わった伊舎堂が校舎に引き揚げようとすると、ちょうど中隊長の笠原が校舎から出てきた。あわてて、伊舎堂が敬礼する。

「伊舎堂用久だったなあ。どうだ、東京は寒いだろう」

「いいえ、寒くはありません」

緊張のあまり、伊舎堂の返答する声がうわずった。

「中隊長に声をかけられたときは本当にありがたく、あの時は本当にうれしかったなあ」

わずかの間に管轄している中隊の生徒200名の顔と名前を覚えるのは並大抵ではない。これがその後の伊舎堂研鑽《けんさん》の源にもなった。

予科は国語や数学、物理、化学、地理、歴史など通常の高等学校の授業を凝縮して学んだ。

特に力を入れていたのが外国語教育だった。英語、フランス語、ロシア語、ドイツ語、中国語の5カ国語から選択できる。

県立二中時代、英語の達人とだれもが認める伊舎堂だったが、意外にも中国語を選択した。将来、中国大陸や故郷に近い台湾での活躍を視野に入れていた。

四声など発音が難しく、日本人には習得困難な中国語でも伊舎堂にかなう者はおらず、語学に関する天賦の才を発揮した。

陸軍では5カ国語のうち英語修得者の出世が遅れ、米国通が少なかったことが日米開戦の遠因ともいわれている。

作文も重視していた。入校時の学科試験でも国語や数学など各科目が100点満点であるのに対し、作文も40点を配していた。

作文重視の狙いは定められた時間内に与えられた題に対する自分の考えをいかに簡潔明瞭に表現できるかをみていた。

将校となった際、刻々と変わる戦場の変化を的確に状況把握し、正確な判断を部下に伝え、上司に報告しなければならない。一刻の遅れも間違いも許されず、火急な場面でこそ正確な文章能力が求められていた。

週1度、毛筆を使い文語体で作文を書く。そこに朱で短評を加えられた作文が各生徒のもとに戻される。残されている伊舎堂が書いた文は達筆で簡潔明瞭でありながら、力強く個性もある。陸士作文教育の賜物《たまもの》だった。

午前6時、陸士の一日が始まる。点呼、体操、神社参拝の後、それぞれが郷里に向かい、遥拝《ようはい》する。伊舎堂も南西方向の石垣島に暮らす父母や妹たちの安寧を祈り、元気で暮らしていると報告した。

朝食後、数学や歴史、語学などの普通学の1時間20分の授業2回が行われる。午後の体育や武術、訓話などの術課は武官が行うが、普通学は一般人が文官教官を務めていた。それでも、独特の風格と威厳があった。

随筆家の内田百閒《ひゃっけん》も文官教官だった。

入校式の日、悠然と教室に入った内田は山高帽とコート姿のまま、高い教壇に上ろうとしたところ、階段を踏み外し、仰向けにひっくり返った。あわてて起き上がり、帽子を拾って生徒たちの方を振り返ると、何事もなかったようにだれも身じろぎもしていない。クスリともしなかった。

「軍人の生徒って、非人情なものだと、つくづく感じたのである」（内田百閒『百鬼園随筆』）

内田はそう日記に記したが、後日談がある。

「それから間もなくお正月になって、その級の生徒の一人が、私の家へ年賀に来た。私は入校式当日のことを思い出して、（中略）将校生徒というものは恐ろしく素っ気ないものだね、と云ったら、その生徒は、お汁粉を頬張っていた箸《はし》を止めて、私を正視しながら云った。『私共は、他人の失敗を見て笑うのは、いけないことだと教わっております』」（同）

凛とした校内の雰囲気が伝わる逸話だ。

中学にはない術課に馬術があった。通常の授業は約40名のクラスと同じような区隊単位で行われるが、馬術だけは他の同級生とも知り合いを作った方がいいという考えで馬術班が編成された。

およそ1800名もの同級生をバラバラに編成するのだから、誰も知らない者ばかりだった。

馬術訓練前に生徒の木札と割り当ての馬の木札が掲示される。珍しい名は全員に一度で覚えられ、その上、運動神経抜群の伊舎堂は鞍を取り付けた馬だけでなく、裸馬もなんなく乗りこなし、注目を浴びた。馬術教官からも称賛の言葉をもらった。

分単位で行動する平日、終日訓練が行われる土曜日が終わると、待ちに待った日曜日の朝が来る。

朝食後、午前8時に服装検査集合があり、外出時の注意をうけてから、外出をする。各自に携行食と呼ばれた、あんパンとジャムパン、クリームパンをくっつけた菓子パンが渡された。

自宅に帰ることができない生徒のために用意されていたのが日曜下宿だった。郷里出身の将校会が学校周辺の民家などを借り上げ、後輩の生徒の休憩所として用意していた。

卒業生が少ないこともあり、沖縄出身者専用下宿はなく、女子医専（現・東京女子医大）近くの鹿児島と宮崎の共同下宿「三省舎」を利用していた。伊舎堂らはずいぶんと肩身の狭い思いもした。

だが、それ以上に菓子やうどんを食べ、ジュースを飲み、雑誌や新聞を読み、故郷の言葉で他愛のないおしゃべりをすることが何よりの息抜きとなった。若き日のかけがえのない時を過ごす。

「生徒心得」には「飲食店、喫茶店、活動写真館、寄席、劇場、百貨店に出入りを禁ず」とある。しかし、学校周辺は黙認され、日曜のそば屋や洋食屋は終日、混雑を極める。「あそこの菓子は平日よりも日曜日の方が、あんこが少ないらしい」などの噂が飛び交った。

地方出身者に対し、入校当初は引率外出も行われた。東京に慣れるための集団外出で、まずは皇居、次に靖国神社、その次が明治神宮と順に巡る。一段落すると、日曜下宿などに繰り出すようになる。

だが、外出区域は東が江戸川まで、北が埼玉の志木《しき》、西が多摩の田無《たなし》や武蔵境、南は多摩川までと定められていた。

自由に外出できるようになると、伊舎堂は同じ石垣島登野城出身の詩人、伊波南哲《いばなんてつ》の自宅を真っ先に訪ねた。父の小学校の教え子で、伊舎堂の身元保証人になっていた。

伊波が取り組んだ「八重山児童学友会」の影響もあり、伊舎堂はどうしても面会したかった。

会の始まりは、登野城尋常高等小学校訓導の宮良長包《みやらちょうほう》が「子供の会」を第3日曜日に開催していたことだった。宮良以外にも他の先生や大人たちが八重山諸島に残る伝説や民話、偉人伝、怪談を語り、子供たちは胸躍らせ、話に聞き入った。

小学校3年生の伊波が全校児童の前で童話を読み聞かせ、周囲の大人たちに非凡な才能を感じさせていた。

宮良が石垣島を離れ、沖縄師範学校付属に転勤後も「子供の会」を発展する形で、伊波が「八重山児童学友会」を設立し、毎週土曜日に開催した。

大正12（1923）年、伊波が上京した後も会は継続され、伊舎堂も文学に触れる契機になった。

他の地域ではあまりみられない会の影響で、登野城の文学熱は高く、小学校教室後方の学級文庫に並んだ「少年倶楽部」「譚海《たんかい》」「日本少年」「飛行少年」などの雑誌をみんなが交代で読みふけった。

伊波がいなくなっても会は隆盛のまま続く。伊舎堂も歌った会歌が残っている。

八重山児童学友会　世にもきこえたる我らの会は　顧問伊波南哲さまが　心を尽くして

たすけられる

伊舎堂が通った昭和14（1939）年当時、伊波は警視庁に在籍していた。警察に勤務するかたわら、詩集『南国の白百合』『銅鑼《どら》の憂鬱』や長編叙事詩『オヤケ・アカハチ』を出版するなど、詩人としてようやく世間の脚光を浴びつつある頃だった。「八重の潮路に囲まれて～」で始まる八重山農学校校歌も作詞した。

新進気鋭の詩人の活躍は伊舎堂にとって、光り輝く郷土の星であり、我もと奮起させる存在だった。

同じ区隊の源河を伴い、漢那憲和《かんなけんわ》宅もたびたび訪れた。市ケ谷から小石川水道端の漢那宅まで徒歩でも小一時間の距離だった。

明治10（1877）年、王府税関吏だった父の憲慎と母のオトの間に那覇で生まれた漢那は沖縄尋常中学校に入学する。

「沖縄県民には高等教育は早すぎる」などの地元を軽視する発言を繰り返していた校長が対立していた教頭を辞任させた。教頭は生徒だけでなく父母の間にも人気が高かった。

生徒会長にあたる学友会会長だった漢那がとった校長排斥運動は中学生離れしていた。ストライキ決行、各小学校を訪問して沖縄中への入学断念の申し入れ、文部大臣宛の建白書提出、生徒150名を引き連れて県庁に乗り込み、堂々たる抗議の演説を行った。

ついに県知事が校長解任を決意することになる。

解任決定の翌日、勇猛果敢な少年は知事官舎に招かれた。知事に進路を尋ねられた漢那は海軍兵学校と答えた。

陸士同様、沖縄からの海兵進学は非常な難関だった。しかし、入校時123名中4番、海軍生活で非常に重要となる卒業時成績、いわゆるハンモックナンバーは3番だった。

海軍生活でもっとも華やかだったのは大正9（1920）年、皇太子だった昭和天皇の欧州外遊の御召艦《おめしかん》「香取《かとり》」の艦長を務めた時だ。

この機会を逃せば皇太子沖縄訪問が遠のくと憂慮した漢那大佐は欧州に向かう途中に沖縄寄港を具申する。

3月6日午前9時10分、「香取」が沖縄本島南東の中城湾《なかぐすく》に入り、与那原沖に投錨《とうびょう》した。

皇太子初の沖縄訪問、しかも艦長が地元出身である。ひと目見ようと海岸線だけでなく遠く山の方まで人で埋まり、欣喜《きんき》した県民の万歳が止むことはなかった。

校長排斥運動を起こした性分は変わることなく、軍内外でも厳格公正で大勢に妥協しない漢那は大正14（1925）年、藩閥政治に敗れ、予備役編入となった。48歳で海軍人生が終焉する。

「なぜ漢那がそんなに早く予備役か」

周囲の者に皇太子が漏《も》らす。漢那にとって、この言葉がせめてもの救いだった。

伊舎堂たちが訪問していた昭和14（1939）年当時、衆議院議員となった漢那は平沼騏《き》一郎《いちろう》内閣で内務政務次官を務めていた。県人初の政務次官だった。

内務省まで出かける漢那に夫人が車に同乗させてほしいと頼むと「公の車だから」と断った。夫人は旧琉球王尚《しょう》侯爵の五女。いつまでも中学時代の漢那だった。

極めて多忙な時期だが、沖縄の後輩である2人を快く迎え入れ、日本の将来や沖縄の課題など、我が子を諭すようにわかりやすく話した。沖縄出身者がなかなか自分に続かない歯がゆさが伊舎堂と源河への期待になって現れた。故郷の出世頭に2人で面会していた当時を源河が回想する。

「漢那閣下が時間の経過も気にせず話されるので、ついつい伊舎堂と私も話に魅了され、帰校時間に遅れそうになることもありました」

同年6月、石垣島を視察した漢那は苦言を残す。「時価観念に乏しく時間を守らない」「宴会が派手、金銭と時間の上からも浪費」「早寝、早起きの励行」など、集まった島民に迎合することなく欠点を羅列、沖縄県民の奮起を促した。


陸軍予科士官学校に入校してすぐの昭和13（1938）年12月24日、東京の空に雪が舞う。その冬の初雪だった。伊舎堂始め、沖縄出身者はもの珍しそうに窓の外を見ていた。

翌年1月18日夕方からは、かなりの積雪で翌朝、校庭も一面の雪景色に変わる。新鮮な思いで、飽きずに伊舎堂はいつまでも銀世界を眺めていた。

他の生徒にはその様子がさも面白かったのか、雪が降る度に「おい伊舎堂、雪だぞ」とからかわれる始末だった。

分刻みのスケジュールにもようやく慣れ始めた頃、県立二中の同級生、真栄田《まえだ》登が訪れ、将来の夢や学校生活の大変さなどを話し、旧交を温めた。

さらに驚く人物が伊舎堂を激励に訪れた。与那国島出身の大舛松市《おおますまついち》。昭和18(1943)年1月、ガダルカナル島で戦死、軍神大舛と呼ばれた男だった。予科士官学校を修了し座間の本科に進学していた。

大正6(1917)年、父の満名、母のナサマの長男として生まれた。成績優秀だった大舛は与那国高等小学校卒業後、那覇にある県立一中(現・首里高)を希望していた。だが、父は学費がかからない沖縄県師範学校しか認めず、大舛が泣いて抗議、ようやく父が折れる形で一中に入学する。

周囲の者が大舛の人となりを表現する言葉に口数が少ない、無口、寡黙とある。それは一中に進学しても変わらない。苦手だった数学も毎日、コツコツと勉強し最終学年5年生のときに首席となる。県下の俊才が集う一中で離島出身者が首席になったのは、大舛が努力の人である証左だ。

昭和12(1937)年4月、沖縄出身としては唯一の現役合格で陸軍予科士官学校に入校する。53期、伊舎堂の2期上に当たる。

数少ない郷土の後輩である伊舎堂を大舛は気にかけ、たびたび市ヶ谷を訪問している。それは大舛自身が上京後、孤独にさいなまれ、望郷の念にかられた経験があるからだった。

寮のふとんに入り、与那国島で暮らす祖父母や両親、姉妹を思い、ひとり上京した自らの親不孝を嘆く。軍人に口数が多い必要はない、行動力こそ必要であると言い聞かせるも、自分の無口な性分が損をしているとも書き残している。

「沖縄県人は中国人。その理由は名字が一文字だからだ」など、同期たちの無知からなる沖縄に対する言葉にも憤る。その憤激たる思いを大舛は反論せずに胸にしまい込む。そんなことも伊舎堂と語り合っただろう。

しかし、寡黙な大舛と違い、幼少時から明朗活発、才気煥発《かんぱつ》、人の上に立つべくして立つ親分気質の伊舎堂に憎まれ口を叩くような同期生もいないはずだ。仮にそんな許せないような発言があったならば、理路整然と激しく反論したに違いない。

55期生も半年が過ぎる頃には起床、朝食、自習、服装検査、授業、昼食、授業、運動、夕食、自習、消灯と追われるような生活にも少しずつ慣れてきた。幼年学校出身者が上級生の役割で生徒を主導していたが、もはや中学校出身者もなんら遜色がなくなっていた。

夏期休暇前、最後の訓練が静岡県沼津で行われる10日間の遊泳演習だった。

東海道線小田原駅で下車、背嚢《はいのう》を背負い徒歩で箱根を越え、元箱根で宿営した翌日、三島を経て沼津に入る。

夏休みになった海岸近くの小学校が宿舎だった。いつもの軍服とは違い、甚兵衛のような白の上下服が手渡される。半袖、すそが短いズボンとまるで小学生に戻ったようであった。だが、水着は海水パンツではなく、伝統の六尺ふんどしだった。

入校試験があり平均化された学力と違い、水泳は育った環境の違いで個人差が大きい。初日に素養試験が行われ、カナヅチのE組から、遠泳可能なA組までに分けられた。もちろん石垣島で育った伊舎堂はA組だった。

泳法は平泳ぎだけだ。速く泳ぐ必要はなく、万一乗っている輸送船が沈没した際、できるだけ長く浮いているというのが基本だった。

一列で長く泳ぐ遠泳と舟の周りをグルグルと回りながら泳ぐ遠泳があり、その場合、舟の上から見えない舟のともにつかまり、休憩する要領のいい者もいた。

分刻みのスケジュールの通常とは違い、保育園のような昼寝の時間もあった。砂浜や松の木陰に天幕を張り、全員で昼寝をする。

夕食を終えると、映画鑑賞の時間もあり、厳格な陸士とは思えないのんびりとした時間を過ごす。ただし喜劇映画の後でも、感想を話し合う時間があり、なんとも言えない堅苦しさも残っていた。

ほかにも海軍も顔負けのカッター訓練もあり、普段は舟をこいだこともない区隊長が率先して櫓《ろ》のこぎ方の手本をみせ、生徒たちをびっくりさせる。


遊泳演習が終わると、9月上旬まで約4週間の夏期休暇である。

その間、各生徒は帰郷する。しかし石垣まで帰ることができない伊舎堂は、那覇の長兄、用展《ようてん》宅に逗留することになった。用展は県立二中卒業後、早稲田大学に進学、野球の名選手として知られていた。

当時、大阪商船の新鋭船「波上丸」と「浮島丸」が交互に大阪と那覇間を奄美名瀬《あまみなぜ》経由で10日かけ、往復していた。

那覇、宮古島、石垣島、台湾基隆《きいるん》港を結ぶ貨客船が週に1便ほど運航、石垣島から那覇まで2泊3日、鹿児島まで4泊5日かかっていた。那覇まで帰るのが精一杯だった。

伊舎堂ら沖縄出身の生徒7名を乗せた大阪からの船が那覇に入港すると、なぜか地元紙の記者が待ち構えていた。

翌日の新聞には「陸士予科生帰る」と大きく報じられる。一躍、有名人になったような誇らしい気持ちと、故郷の重圧を背負っている緊張感がない交ぜになり、伊舎堂の胸中を去来した。

県立二中では夏休みにもかかわらず、校長や元担任教師も参加し、予科士官学校などの生徒を囲む懇親会が開かれ、母校の期待がひしひしと感じられる。

9月上旬から始まる2学期に備え、伊舎堂は再び上京した。10月になると、今後の軍人人生を左右する兵科が決まる。

伊舎堂の志望は「軍の主兵」を任ずる歩兵だった。歩兵、騎兵、砲兵、工兵、輜重《しちょう》兵、航空兵に大きく分けられ、人気が高いのは航空と歩兵だった。

全生徒に対し、兵科の内部選考よりも前にまず「航空身体検査」が行われた。その場をグルグル回ってから線の上をまっすぐ歩くなどの試験が実施され、搭乗員になることができない不適格者を選考から外した。航空志望者が多く、他科に行くことになり、落胆する生徒を区隊長が慰める光景が校内のあちこちで見られた。

与那国島出身の大舛は第1志望が騎兵、第2志望が歩兵だった。

在来馬の与那国馬を農耕や運搬で使い、農家の長男である大舛は幼い頃から馬の世話を任されていた。

陸軍の軍馬より、鹿毛の与那国馬は体高110センチから120センチと小さいが、足腰が強く、何よりも頑丈だった。

毎週1回2時間の馬術の授業があり、多くの生徒が生まれて初めて馬に触れ、おっかなびっくりに鞍に跨がるのに対し、幼少期から裸馬を乗りこなし、野山をかけていた大舛にとって、馬術はお手のものだった。嬉々として授業を受けた日のことを書き残している。

「5年ぶりに馬に乗るを得たり。朝は早くより、夜は遅くまで乗馬にふけりし、少年のころを思い出されて嬉しくなりぬ。少年のころより大好きな馬なり。騎兵に志願の心、あるもかく馬を好むがゆえなり」

これほど馬を愛した大舛が騎兵を志願するのは自然の流れである。だが、希望は受け入れられず歩兵科に進むことが決まる。

「運命の定まるべき時は来たりぬ。予はここに歩兵を命ぜらる。騎兵、騎兵とのみ思いおりしに、今日、歩兵と聞きて何らの未練の残るなし。かえって喜びの色さえあらわれぬ」

大舛が希望通り、騎兵科に進んでいたらどんな運命が待っていただろうか。戦死した餓《が》島《とう》といわれた過酷なガダルカナル島に転戦せず、中国大陸の満州に残っていただろうか。終戦まで生き延びても、極寒のソ連収容所に送られた可能性も高い。

伊舎堂は第一志望の歩兵科に決まった。

後に航空兵力拡充で皮肉にも55期生のうち伊舎堂を含む１２０名が航空に転科することになる。歩兵のままならば、特攻隊隊長として出撃することもなかった。しかしながら大舛同様、食べるものさえない孤島での凄惨な戦闘が待っていたかもしれない。

工兵や輜重兵ならば、生き延びた可能性も高いが、大舛や伊舎堂はただ生き残ることだけを考慮し、自らの兵科を選択することはなかった。

人間の限界

昭和14（１９３９）年11月15日、陸軍予科士官学校卒業式が行われる。昭和12（１９３７）

年7月勃発の盧溝橋事件が発端になった日中戦争に伴う兵力拡充のため、予科は通常の2年から1年に短縮されていた。

予科士官学校卒業と同時に士官候補生の上等兵となり、籍が学校から所属連隊に移行する。

4カ月半の隊付勤務を経て入校する本科の陸軍士官学校では所属連隊から派遣される形になり、監督責任も校長から連隊長に移り、生徒から正規の軍人になったといえる。

故郷の石垣島にも近く温暖という理由で、九州の連隊が伊舎堂の第1志望だった。希望通り、福岡の第24連隊に決まる。

所属連隊が発令された日、同じ二中出身の又吉康助と校舎ですれ違った。

「又吉、どこの連隊か」

「歩兵24だ」

2人とも叫び声を上げる。900名もの歩兵志望のうち同じ中学校出身者が同じ連隊に所属するのは珍しい。志望理由も同じだった。

明治19(1886)年創設の歩兵24連隊は日清、日露戦争に参加。日清戦争では旅順《りょじゅん》要塞を攻略して勇名を轟かせ、日露戦争でも鴨緑江《おうりょくこう》の戦いで活躍した。

温暖な地を希望したはずだが、当時、24連隊は極寒のソ連と満州の国境警備を担当していた。この年5月にノモンハン事件が起き、9月にようやく停戦協定が結ばれたが、一触即発の国境は緊迫していた。

卒業式翌日、鉄道兵や電信兵など関東近郊に残る同期生に見送られ、士官候補生を乗せた臨時列車が東京駅を出発した。途中、下関駅で下車、船に乗り換え、釜山から列車で朝鮮半島を縦断する。

「日本と違い、大陸は赤い山肌なんだなあ」

列車が駅に停車するたびに日の丸を持った子供たちが待っていた。

東京を出発して3日、列車は朝鮮と満州国境の鴨緑江を越える。見たこともない地平線まで広がる地は白い雪に覆われていた。

11月24日、首都新京《しんきょう》を経て、興凱湖《こうがいこ》西部地域にある大城子の連隊宿舎に到着。8日間に及ぶ長旅でようやく手足を伸ばして眠れる喜びを感じながら、伊舎堂は布団に入る。全員が惰眠を楽しんだ。

「士官候補生、いつまで寝ている。さっさと起きろ」

怒声でたたき起こされた。教官の近藤勇少尉が防具をつけ、仁王立ちしていた。

「目の前にソ連軍が陣を構えている。内地のようなのんきなことは許されない。すぐに銃剣道の防具をつけ、外に出ろ」

外は零下20度、寒いというよりもピリピリと痛い。

石垣島で生まれ育ち、宮古島、那覇にわたり、士官予科学校入校で上京する。降り出した雪に見とれる伊舎堂は「雪だぞ」と同期生にからかわれた。そんな男が厳寒の地に立っていた。

伊舎堂用久と同じように歩兵24連隊に配属されたのは沖縄県立二中の同級生、又吉康助ら合わせて14名だった。

戦死したのは伊舎堂のほか、大村清（熊本出身）、清水清一（熊本出身）、塩飽《しわく》敬人（岡山出身）、中原庄三郎（鹿児島出身）、広瀬日出雄（大分出身）、峰村英雄（埼玉出身）。ほかには又吉康助（沖縄出身）、猪原豊志（東京出身）、小尾《おび》靖夫（東京出身）、折笠《おりかさ》徹（福島出身）、首藤真彦（愛知出身）、永原実（鹿児島出身）。吉永幸二（大阪出身）は在校中、病死した。

このうち小尾靖夫少尉は川口支隊１２４連隊の連隊騎手としてガダルカナル島に派遣される。

戦後、小尾は「人間の限界」と題した陣中日誌を発表する。

昭和十七年十二月二十七日

どうやら俺たちは人間の限界にまできたらしい。

生き残ったものは全員顔が土色で、頭の毛は赤子の産毛《うぶげ》のように薄くぼやぼやになってきた。黒髪が、ウブ毛にいつ変わったのだろう。

この頃、アウステン山に不思議な生命判断が流行り出した。限界に近づいた肉体の生命の日数を、統計の結果から、次のようにわけたのである。この非科学的であり、非人道的である生命判断は決して外れなかった。

立つことの出来る人間は……寿命三十日間
身体を起こして坐れる人間は……三週間
寝たきり起きられない人間は……一週間
寝たまま小便をするものは……三日間
もの言わなくなったものは……二日間

またたきしなくなったものは……明日
ああ、人生わずか五十年という言葉があるのに、俺は齢《よわい》わずかに二十二歳で終わるのであろうか。

昭和17（1942）年8月、ガダルカナル島に1万名以上の米軍が上陸、建設中の日本軍飛行場を占領した。日本軍は増援部隊を送るが、補給が絶たれ、飢餓に苦しむ。12月、大本営はガダルカナル放棄を決定した。

昭和18（1943）年元旦、小尾が所属する川口支隊124連隊の連隊長が最後の食糧を配布した。乾パン2枚と金平糖《こんぺいとう》ひとつだけだった。

124連隊250名全員が北に向かってなめるように食べた。北の空の向こうには日本、故郷がある。父母、兄弟は今年も雑煮を食べるだろうか。ゆっくりと口のなかで元旦のご馳走を楽しんだ。

敵の砲弾に倒れる者、飢えで歩けなくなる者、徐々に仲間が減っていく。夜も昼もわからなくなり、揺れるように歩く小尾には目的地があった。敵の砲弾の落下地点には味方の日本軍がいる。

軍旗を腹に巻き、幽鬼のような形相で日本の陣地にたどり着く。その日は2月7日、ガダルカナル撤退作戦の最後の日だった。

生き残った将兵が停泊している駆逐艦にわれ先にと乗り込もうとしている。

「全員が乗艦するまでどんなことがあっても動かないから安心しろ。落ち着いて。落ち着いて」

艦長がメガホンで叫んでいた。3回の撤退作戦で陸海軍将兵1万1000名の命が救われた。それでもガダルカナル島では2万5000名が戦死、半数以上が餓死とみられる。大舛松市少尉もそのひとりだった。

ソ連と満州の国境警備に当たる歩兵24連隊に配属された14名の陸軍予科士官学校を卒業した士官候補生は上等兵の階級が与えられ、歩哨勤務につく。国境を見渡す高台で、北からの寒風を正面に受けながら警戒に当たる。経験したこともない極寒、全身を突き刺すように痛い。零下30度。風が強く吹くと、体感温度はさらに下がる。息をするのも苦しい。素手で金属を触れば、磁石のように張り付き、やけどを負ったようになる。

あるとき、伊舎堂と又吉の名札を見た沖縄出身の監視哨長が声をかけてくれた。

「貴公らも沖縄だなあ。出身地はどこだ」

まぶしい太陽が照りつける故郷を思い起こし、懐かしさで胸が張り裂けそうになる。

歩哨勤務の際、必ず防寒帽の耳当てを垂らして付けなければならない。しかし又吉は寒さに脆弱な沖縄出身と馬鹿にされることを嫌い、耳当てを上げたまま立哨勤務していた。

「さすがに張り切り方が違う」

いろいろな者に言われ、耳当てを付けるに付けられなくなったこともある。

耳がちぎれんばかりのいつも以上に冷気が突き刺さる当番の日、それでも我慢して立っていた。しかし、いつのまにか耳の痛みを感じなくなっていた。勤務を終え、兵舎に戻る。

「耳が凍傷だ」

だれかの叫び声が聞こえた。周囲の者が交代で又吉の耳を温め、応急処置を施す。耳の痛みがなくなったのは凍傷で感覚が失われていたのだった。

医務室に連れて行かれ、軍医に厳しく注意された。

「こんな軽傷ですんだからいいものの、放置すれば、耳が赤黒く水ぶくれになり、次に炭のように黒く変わり、切り落とすしかなくなるぞ」

翌日、教官からも叱責される。

「同じ沖縄出身の伊舎堂が凍傷にかからないのに又吉だけが凍傷にかかったのはなぜか。ようは心がけの問題である。凍傷にかかる、かからないは戦力に直接、影響する。よく留意しろ」

昭和15（1940）年1月15日、伊舎堂は上等兵から伍長に昇級、第8中隊擲弾筒《てきだんとう》分隊長に任命される。初めて部下を持つことになった。

擲弾筒は日本陸軍独特の口径50ミリの簡単な携帯火器で、最大射程距離は650メートル、榴弾《りゅうだん》や手榴弾、信号弾、照明弾などを発射する。

恒例の冬季演習が行われた。長時間歩くと汗をかき、凍傷になるため、行軍と小休止を小刻みに繰り返す。天幕を張った宿営では真ん中に暖炉が燃えさかっているが、いっこうに暖まらない。どうしても寒くて伊舎堂は、うつらうつらとしか眠ることができない。

「分隊長殿は沖縄出身ですからお酒は強いでしょう。どうぞ一杯、召し上がってください」

部下が老酒《ラオチュウ》を持ってきてくれた。どこで手に入れたかわからない。だが、せっかくの厚意なのでと一杯、グッと飲む。泡盛よりもきつい。胸がかっと熱くなり一瞬、息が詰まる。だが、そのうちに身体全体が熱くなり、温まってくる。寒さしのぎには強い酒が一番効くことを知った。

極寒生活にも慣れ始めた頃、福岡の留守隊から派遣された初年兵が到着した。訓練を終えたばかりの沖縄を含む九州出身の若者たちは白く凍る大地に戸惑いをみせる。しかも初めて軍隊生活を送る国境はノモンハン事件後で緊張している。まさに最前線の戦場だった。

国境といっても明確なラインがあるわけではなく、小さな川の真ん中というだけで水が流れていない所も多く、双方の兵士が誤って国境を越え、銃撃される事件が多発していた。

「むやみに国境に近づくことは許されない」

初年兵は厳しく注意を受ける。国境での小競り合いから戦闘、戦争に発展したケースは古今東西、枚挙《まいきょ》にいとまがない。

到着した兵士には沖縄出身も多く、うまく標準語は話せない者もいた。

あるとき、週番士官が笑いながら沖縄出身兵に尋ねた。

「10銭を出すと、いくらの物が買えるか」

10銭では10銭の物が買えるのは当たり前である。お前は標準語が話せるかと小馬鹿にした言葉だった。

その話を伝え聞いた伊舎堂は烈火のごとく怒った。冗談にも言っていい冗談と悪い冗談がある。怒りは収まらない。

「あんな侮辱的発言は絶対に許せん。厳重抗議に行く」

伊舎堂は伍長、週番士官は少尉。軍規上、許されない行為だったが、郷土を愛する伊舎堂にはどうしても我慢できなかった。こういうことを放置すると、後の沖縄の後輩のためにならない。

「又吉、お前もついてこい」

渋る又吉を連れ、部屋に乗り込む。部屋の前から伊舎堂が名乗っただけで、週番士官は事情を悟る。多くの者の面前で口にした後、自責の念に駆られていたのかもしれない。伊舎堂が抗議の言葉を発する前に、あっさりと謝罪し非をわびた。

二中以来の付き合いがある又吉だが、あまり喜怒哀楽を表に出さない伊舎堂があんなに怒気を露わにしたのを初めて見た。それだけ伊舎堂の郷土愛が奥深いことを知った。

3月に入ると、わずかながら春めいてくる。4カ月半と隊付勤務は極めて短い。隊の雰囲気に身体が馴染み始めた頃に除隊になる。

隊を離れる前、中隊長が少尉候補生14名を中華料理店に招待した。フルコースの中華は伊舎堂にとって初めての経験だった。

ボーイが次から次に運んでくる料理を全員むさぼり食べる。10代後半の食べ盛り、出てくる料理を平らげていく。どんどん腹がふくれるが、なぜか後からの料理の方がうまい。中華の場合、ご馳走は後から供されることを初めて知った。だが、悔やんでも遅く、すでに腹は膨れ、菓子さえも入らない有様だった。

昭和15（1940）年3月19日、歩兵24連隊除隊の日が訪れ、14名は列車に乗り、ハルビン経由で大連《だいれん》まで行き、船に乗り換える。

大連港を出た船が玄界灘を渡り、右舷に九州が見え始める。木々が茂る緑の山々。凍った大地での暮らしの後だからこそ余計、いかに日本が山紫水明の地であるかを再認識する。関門海峡を抜け、瀬戸内の島々の間を縫うように進む。いくら見ても見飽きない。3月27日、広島宇品港《うじなこう》に入港した。

伊舎堂《いしゃどう》の運命の分かれ目

昭和15（1940）年4月1日、伊舎堂は座間の陸軍士官学校に入校する。

これまでの予科士官学校との大きな違いが2つある。ひとつは授業に軍事の専門学が加わることだった。予科の場合、外国語や剣術など通常の高等学校と大差がなかったが、本科は戦術、戦史、軍制、航空学、射撃など陸軍将校にとって必要な軍学を学ぶ。

もうひとつは初めての先輩の存在だった。市ヶ谷では1期上の54期はすでに座間に移っており、55期の同期だけの気ままな生活だった。

54期も後輩がいなかっただけに先輩風を吹かせたくて腕撫《うでぶ》している。敬礼を忘れようものならば、容赦なく鉄拳が飛んでくる。後輩に軽んじられたくない先輩、嫌な先輩に目を付けられたくない後輩、5カ月間の緊張した日々を過ごす。

10月21日、東京の代々木練兵場で紀元2600年記念観兵式が行われた。この年、昭和15年は神武天皇即位から2600年に当たることから、各地で記念行事が開催された。

昭和天皇御臨席のもと、5万名もの陸軍将兵が大行進を披露、その栄誉の最先頭が陸軍士官学校55期だった。

「東亜の天地に雄渾《ゆうこん》極まりなく、金鵄《きんし》の栄光、燦《さん》として輝く紀元2600年記念観兵式は秋冷澄み渡る10月21日……」

この様子は、全国の映画館で「NHKニュース映画」として公開された。

石垣島登野城の映画館でも上映された。事前に送られてきた手紙で伊舎堂らが行進の最先頭だったことを知らされていた父母妹たちは映像を食い入るように見つめ、息子、兄の顔を懸命に探す。

映画を見た父からすぐに手紙が伊舎堂のもとに届く。

「ニュースを見て、堂々とした勇姿に感激で胸が一杯になった」

遠く離れた本土での凛とした息子の晴れ姿。父や母はどんなに嬉しかっただろうか。しかも陛下の眼前を先頭で行進する。これ以上の親孝行はない。

12月29日から1月5日までは冬休み。多くの者は故郷で年末年始を過ごすため帰郷したが、実家が遠距離の者は座間に残り、のんびりと正月を楽しむ。

休暇最終日、帰省していた者も順々に帰校し居残り組と自習室で石炭ストーブを囲み、故郷の土産話に興じていた。

そのとき突然、週番士官の岡本武義大尉がドアを開け、入ってきた。まだ休暇中であり、雑談していても問題はないはずだ。

「いまストーブの周りの者は全員、ふんどしになり校舎前に整列」

自ら岡本もふんどし姿となって、真っ先にプールに飛び込んだ。伊舎堂らも後に続かざるをえない。同じように次々とプールに飛び込む。薄い氷が張り、身を切るような冷たさ、息が止まりそうになる。どのくらい入っていたか覚えていない。気が遠くなりそうになったとき、声がした。

「上がれ」

それ以上、何も言わずに解散を命じ立ち去った。明日から再び、厳しい訓練や授業が始まるにもかかわらず、正月明けの弛緩した空気を感じとり、岡本は身をもって教えたのだった。

昭和16（1941）年、ドイツ動静に伴い欧州情勢が慌ただしくなったため、卒業が7月

18日に繰り上がることが決まった。

敵情視察や偵察に使用されていた航空機の需要が高まり、海軍が巨艦大砲主義からの航空戦への変換を試みると同様、陸軍でも航空兵力の拡充を急いでいた。

55期からも航空科に転科させられる者が出るのではないか、そんな噂が校内を駆け巡る。

各自がすでに希望科で4カ月半の隊付勤務を終えているにもかかわらず、初めの一歩からの再出発では割に合わない。生徒間では不満が渦巻いていた。歩兵など既存の科の落ちこぼれが転科するという見方もあった。

伊舎堂も極寒の満州で分隊長として国境警備に携わり、ようやく歩兵将校として歩み始めたばかりだった。

第6中隊では中隊長の新沢勉少佐が中心となり、人選を進めていた。

転科する者を選ぶ側はまずは運動能力など搭乗員の適性があるか、すでに航空科として訓練を受けている同期と良好な関係が保たれるか、などを考慮し、生徒と面談を重ねて熟考した。

そんな頃、日本中を揺るがすニュースが飛び込んできた。

6月22日未明、独ソ不可侵条約を破棄し、ドイツ軍が突如、ソ連領に侵攻した。奇襲を受けたスターリン率いるソ連軍は後退を続け、1945年5月7日、ドイツが無条件降伏するまで戦闘は続いた。

独ソ両軍が前進と後退を繰り返し、東西に移動しながら戦場が拡大、死者3000万人を超える史上最悪の戦争となった。

死者はソ連側が戦闘員、民間人合わせて約2700万人、ドイツ側が350万人に上ったと推計されている。特にソ連は人口の16%が戦死していたが、スターリンは実態を公にしなかった。

先の大戦で軍人、民間人を合わせた日本人の死者は約310万人といわれ、いかにソ連の死者が桁違いに多いかがわかる。

独ソ開戦の翌日、55期在校生1755名のうち航空に転科する120名が発表された。歩兵科から80名、そのなかには伊舎堂の名もあった。

歩兵将校としての将来像を描いていた伊舎堂の心中はいかばかりだっただろうか。転科となった自身の不遇に不平不満を持つ者もいただろう。だが、伊舎堂の言動から、請われて航空将校になる、それもまた人生と割り切ることができたと思われる。

選考側も伊舎堂の運動能力と判断力、統率力を評価したに違いない。

7月18日の卒業と同時に岐阜各務原《かかみがはら》の飛行第2戦隊付となり、慌ただしく列車で旅立った。同じ中隊から航空転科したのは16名。そのうち、戦後まで生き残った者はわずか6名にすぎず、過酷な運命が待っていた。

伊舎堂を航空科に選考した新沢中隊長も少佐の階級ながら航空将校にかわった。転科させたことで新沢は後の伊舎堂の運命を大きく左右することになる。

第3章

生の証し

お星様の仲間になって見守っています——安原少尉

伊舎堂用久《いしゃどうようきゅう》率いる誠《まこと》第17飛行隊第1陣が出撃するまでの37日間の記録を残すものが台湾花蓮港《かれんこう》の五十嵐家と白保《しらほ》飛行場を結ぶ連絡箱だった。

会議などで台湾に赴く隊員が、世話になった五十嵐家に連絡箱を持参していた。連絡箱は幾度も往復した。

連絡係は安原正文少尉が主に務めていた。高知出身の安原は伊舎堂と同い年の最年長の24歳。県立高知工業学校（現・県立高知工業高校）、東京物理学校（現・東京理科大学）から陸軍予備仕官学校を経て、航空将校となった。

当時、五十嵐家の娘、千鶴子を、ちづちゃんと呼び、妹のようにかわいがり、一番の仲良しだった。37日間の心情を綴った「征途」と題した詩を残す。

生きて来し　命よろこび
大いなる　のぞみ一つに

結ばれし　つわものの群れ
きおい立ち　つとめはげみぬ
二カ月のこの地　この空
すでに身は　浮き世離れて
もろもろの　きずな断ち切り
ひたすらに　空に生きんと
誓いてし　日の過ぎ行きて
二カ月は　楽しかりけり

如何《いか》ならぬ　縁の糸に
むすばれて　慕い集いぬ
ふるさとの　それにも似て
あたたかき　きずな一すじ
去り難き　みとはなるかな
指折りつ　待ちしこの日ぞ

豊旗《とよはた》の　雲の彼方に
出で征かん　時は来たれり
誇らかに　のぞみ秘めたる
大いなる　別れなるかな

いざさらば　なつかしき土地
去り難き　思い残れど
一すじの　道の行く手に
我がのぞみ　耀《かがよ》うみれば
今日の日の　別れもたのし
賎が身に　過ぎしつとめよ
一度の生命にあれど
あるかぎり　力つくして
花と散り　底に止まり
捷《か》つ日まで　醜虜《しゅうりょ》沈めん

隔《へだ》つとも　共に讃《たた》えん　国の春

千鶴子の母トキが安原に贈った手作り人形や、「千鶴子マッチ」と書かれた千鶴子お手製の紙箱マッチが連絡箱に入っていたこともある。自分が戦死した後、持ち主がいなくなるのは忍びないと思い、安原が五十嵐家に送り返した。

返礼として安原は、ただ特攻を待つ自分の身上を綴る歌を送る。

去り難き　思いを知るや　ねこやなぎ

五十嵐家から届いた連絡箱にはお菓子などの食べ物や手ぬぐいやタオル、日本酒「白雪」の差し入れもあった。

おくられし　うま酒くみて　友とわれ　かよふ情に　酔ひしれて泣く

山形出身、特別操縦見習士官の川瀬嘉紀《よしのり》少尉も五十嵐家に足繁く通った。出撃直前、川瀬が千鶴子に宛てた手紙である。

チヅチャン
今日、決行の命令がありました。誰にも、手紙を書かずに行こうかと思いましたが、何だか、チヅチャンに何もいわずに行くのが心残りなので、連絡箱を利用してお便りします。
花蓮港におった時はいろいろとありがとう。純真な君に接し、どれだけ自分らの心が清められたか、口にいえぬほどです。
どうか清く美しく、気高き日本の女性として、いつまでも今の純真さを失わずに成長してください。
決行前夜　○○にて
川瀬嘉紀

○○は石垣島だが、秘匿されていたため、伏せ字になっている。最後に時世の句がしたためられていた。

何事も　云う事はなし　桜花

安原が五十嵐重蔵とトキに宛てたお礼の手紙も入っていた。

ながなが大変、おせわになりました。恩返しのつもりで、必ずご期待に添える戦果をあげる決心です。どうかいつまでもお達者でお暮らしくださるよう祈っております。では元気でまいります。

三月二十五日　安原正文

その手紙とは別に千鶴子宛に決意の手紙を書いている。

たくさんもらったお手紙はみなポケットに入れて持っていきます。お守り袋も忘れずに連れて行きます。コリントはもうできなくなりましたが、これから兄ちゃんはお星様の仲間になって、千鶴ちゃんが立派な人になるのを見守っています。

泣いたりしないで、朗らかに笑って、兄ちゃんが手柄を立てるのを見守ってください。おじさんやおばさんの言い付けを守って立派な人になってください。
さようなら
三月二十五日

将校5名の辞世の句がしたためられた寄せ書きも連絡箱で送られてきた。

比ぶなき幸い哉《かな》　我選まれて今南海の雲と散り征く　石垣中尉
死生有命不足論　只祈必中轟沈　安原少尉
指折りつ　待ちに待ちたる機ぞ来る　千尋の海に散るぞたのしき　伊舎堂大尉
人間到処在青山　芝崎少尉
きづなをば　たちて飛びゆく白雲の　無心の境地　機にまかせて　大門《おおかど》少尉

残された寄せ書きが石垣仁《じん》中尉、安原正文少尉、伊舎堂用久大尉、芝崎茂少尉、大門修一少尉の遺書となった。

終戦後、五十嵐一家が台湾から日本に引き揚げる際、持ち物が厳しく制限されていたが、トキが戦死した隊員の思いを残そうと、寄せ書きや隊員たちの手紙、手作り人形などを着物に縫い込んだり、隠したりして、船で日本に持ち帰った。

手紙がなければ、隊員たちの生きていた事さえ忘れ去られてしまうことになっていた。短くはあったが、10名の若者の人生の証しである。

決して心配くださるな――石垣中尉

台湾花蓮港で編成された誠第17飛行隊の写真では隊長、伊舎堂用久大尉の右側に常に寄り添うように写っているのが石垣仁中尉だった。隊長に次ぐ階級、副隊長格で文字通りの右腕だった。

大正11（1922）年10月1日、山形県遊佐《ゆざ》町で、石垣健作と多嘉の7人兄妹の次男として生まれた。世界最終戦争論を唱えた山形出身の陸軍中将、石原莞爾《かんじ》が戦後、遊佐町で隠遁生活をし、墓所もある。

酒田中学校（現・酒田東高校）を卒業後、昭和14（1939）年12月1日、陸軍予科士官学校に入学する。伊舎堂の1期下、56期にあたる。

伊舎堂とは昭和19（1944）年2月、新型機の習熟訓練を行った浜松基地で出会った。その後、台湾に移動し中尉に昇進した。

花蓮港から、石垣は山形の両親に遺書を送っている。日付は昭和20（1945）年1月23日。伊舎堂隊が石垣白保飛行場に進出する1カ月ほど前である。

皇国の存亡を決すべき、有史以来の重大戦局に直面致しおり一億挙げて、みな特攻隊となって国難を突破せねばなりません。

私も去る十二月中旬、選ばれて光栄ある特別攻撃隊と相成るを得、ただいま花蓮港基地にて好機の至るを待機致しておりましたるところ、情勢逼迫し近々出動するやも知れず、或いはこれが最後の御便りとなるかも知れません。

皇国興廃の鍵を握る空の特攻隊として選ばれたる、まことに日本男子の本懐これに過ぐるものはなく、ただただ男の死処を得たるを無上の喜びと存じて居ります。

時に偶《あ》わば　散るもめでたし　桜花　めずるは花の　盛りのみかは

と、古人も歌いたる二十有余の人生、桜と散って何の悔いやありましょう。ただ父上様や母上様に何も孝養をつくす事の出来なかった事を残念に存じて居ります。しかしこの上なき死処を得、悠久の大義に生き、国家に我が身を捧げてこそ、ただいま私の親につくす最大の孝なるを信じ、必ずやご期待に沿う獲物を轟沈致す覚悟でございます。

天皇《おおきみ》に　仕えまつれと　我を生みし　わがたらちねぞ　とうとかりける

二十有余年育みくだされまして有難うございました。喜んで任務に生き、任務に死します。

たぐひなき　幸我選まれて　今南海の　雲と散り征く

身はたとへ　南海の果に砕くとも　み魂は永久に　皇国護らむ

身は死しても魂は七生の念に燃ゆ、後に残る弟妹また私の身代わりになりて、皇国を護持されん事を。最後に皆々様のご健康をお祈り致します。

石垣仁中尉

昭和二十年一月二十三日

御両親様

皆々様

戦国武者を思わせる伊舎堂とは対照的に涼やかな目元の優しげな風貌の石垣は遺書に書かれた字も気遣いとぬくもりを感じさせる。

幕末、攘夷派《じょういは》に暗殺された兵学者、佐久間象山《しょうざん》の辞世の句を引用した。桜の花を褒めたたえるのは何も咲き誇っているときだけではない。散るときもまた美しい。死を直前にした覚悟を示す。遺書の最後の最後まで戦う決意と家族への愛にあふれている。まだ幼い弟妹を気遣いながらも、叱咤する兄らしさも垣間見える。

慈愛あふれる石垣仁の人柄を示す、第8直協飛行隊の部下だった後藤忍の家族宛の手紙が残っている。手紙には日付や場所が記載されていないため不明だが、飛行隊が展開していた中国大陸で書かれたとみられる。

ガリ版刷りで部下の名前と家族の宛名だけが肉筆となっていることから部下全員の家族に送った。

戦地にありながら「石垣隊長」からと、部下の家族に手紙を出すこと自体、異例だ。しかも、通常は家長に宛てるはずが、「後藤マサ子」と母親の名であるところに心優しさを感じる。安心させるように楽しさを演出する挿絵も入っている気の配りようだ。

留守宅の皆々様には、ますますご健康かつ、ご多忙極まる増産に、ご精励のことと察しております。目下、当地では良民が丹念に育てた甲斐あって、立派に麦の穂が出そろっているさまは、まったく戦地とは思われないのどかさです。

忍君は昼となく夜となく極めて元気旺盛にかつ、まじめに苛烈《かれつ》なる決戦下において与えられたる任務に向かって一生懸命です。ご安心ください。しかし、ここ当分の間は通信できません。決して、心配くださるな。必ずや、重かつ大なる任務を完全に果

たしてくれるものと確信しております。いよいよ、内地は繁盛に向かいますおりから、お身体大事に励まれますよう祈ります。

慈愛ある隊長からの手紙を受け取った母はどれほど嬉しくありがたかっただろうか。息子の忍は元気でいるか。厳しい軍隊生活は大丈夫か。母の心労は尽きることはない。心配りができる優しげな隊長さんでよかった。どの家庭でも、この手紙を出征した息子の写真の横に飾ったことだろう。

飛行機乗りにゃ娘はやれぬ きょうの花嫁明日は後家

急遽、歩兵から航空に転科し、岐阜各務原《かかみがはら》の飛行第2戦隊付となった伊舎堂はいかなる感慨を持っただろうか。

軍旗の下、号令一下で集団行動し厳しい訓練と規律が求められる歩兵部隊は、まさに軍隊であり、ザ・陸軍である。

だが、航空部隊は様相が異なる。航空機の性能と整備状況、搭乗員の技量がそろって初めて機能が発揮される。

地上勤務者は機体、エンジン、通信機材、搭載機銃などを分担して整備する。ガソリンと油の匂いが充満する格納庫の中では、作業着姿に手袋をはめた整備兵が各機の間を行き来している。それぞれが得意の分野を持つ技術者の集まる航空機工場のような雰囲気に初めて経験する者は戸惑う。

しかも尾翼が不調で機体担当整備兵が苦戦していても、通信などの整備兵は手伝いようもない。そのため軍隊規律があるような、ないような不思議な空間のようにも見える。

それに対し、搭乗員はまた違う。たとえ訓練であろうともいったん離陸すると、墜落の危険がつきまとう。いつどんなときに戦死してもおかしくない。このため編隊を組む搭乗員同士は強い絆で結ばれている半面、飛行技量の優劣が明確に判別できるため、飛行時間が少ない搭乗員を見下すような者もいた。

初めての航空隊勤務となった3カ月間、陸から空に移った伊舎堂にとって何もかもが初体験であり、どれもが学びの場であった。

昭和16（1941）年10月1日、少尉に任官した。

11月1日、操縦技術修得のため、宇都宮陸軍飛行学校に入校。これまでの知識や経験をかなぐり捨てて、飛行機乗りになるべく連日、操縦の猛訓練を行う。

乗り込んだのは鮮やかな橙色の塗装から「赤とんぼ」の愛称で呼ばれた95式練習機だった。石川島飛行機製作所（後の立川飛行機）が開発して2600機以上が生産され、多くの陸軍搭乗員の育成に寄与した。

飛行訓練が半日、エンジン学、計測器学、通信、気象、航法など操縦に必要な学科授業が半日のスケジュールだった。各務原の飛行第2戦隊と宇都宮の飛行学校で、航空機整備の実務体験や実機操縦訓練を繰り返すうち、歩兵部隊出身の色合いが薄まり、どこから見ても伊舎堂は航空学生の雰囲気を身にまとうようになる。

ひと通りの空中操作、離着陸が可能となり、単独飛行がこなせるようになるには個人差が大きい。ともに宇都宮に入校した25名のなかには搭乗員不適格と判断され、転校する者もいた。

計器飛行、編隊飛行、特殊飛行と順調に伊舎堂は訓練の練度を上げていった。

そんな頃だった。12月8日午前7時、ラジオからニュースが流れる。

臨時ニュースを申し上げます。臨時ニュースを申し上げます。大本営陸海軍部、12月8日午前6時発表。帝国陸海軍は本8日未明、西太平洋においてアメリカ、イギリス軍と戦闘状態に入れり。今朝、大本営陸海軍部からこのように発表されました。

宇都宮では同じく転科した上木正利と北島喜馬と3人が第7班となり、宿舎も同室だった。廊下をはさみ10畳部屋が5部屋ずつ、合わせて10部屋が学生宿舎だった。

午前中は操縦訓練、午後は学科、夜は自習と朝から晩まで常に一緒に過ごし、3兄弟と周囲からからかわれた。兄貴分は伊舎堂だった。

「俺は航空には適性がないのではないか。地上部隊に戻って早く第一線に行きたい」

北島が愚痴をこぼす。なかなか操縦が上達せず、教官に厳しく指導されていた。

「おれも同じだよ。操縦は慣れだ。焦ることはない」

そう言い終わると、伊舎堂は突然、歌い始めた。

〽野を流れてのすえついに　海となるべき山水《やまみず》も　しばし木の葉の下くぐるなり　見よ忍ぶなり山水も

宇都宮陸軍飛行学校で同室だった伊舎堂、上木、北島（右から）

小学校5年唱歌「忍耐」だった。やがて海にたどりつく、山の水もしばらくの間は人の目に触れない木の葉の下をひっそりと流れる。いつかは、大きなことを成す人も下積み時代があるという意味がある。

人懐っこい笑顔で歌い上げ、落ち込んでいる同期を励ます。上下関係に限らず、誰に対しても言葉を違《たが》えない人間的魅力ある伊舎堂に対する印象は北島にとって強烈だった。

その魅力の根源は南の島にあると感じとっていた。陽光輝く自然に恵まれ、人情味豊かな風土に生まれ育ち、生来の明るさと相まって、おおらかな心温かい男に成長したとみていた。

休日、宿舎の部屋で伊舎堂が両親や友人に手紙を書く姿を見て、故郷を思う心といつ死ぬかもしれない飛行機乗りの宿命を感じ、北島の胸を打つものがあった。

ある日、伊舎堂宛に石垣島から小包が届いた。開けてみると、見たこともないような大量の黒砂糖がぎっしりと詰め込まれていた。甘いものが不足し、砂糖は手に入れるのも難しかった時代だ。

早速、伊舎堂が宿舎の学生全員にお裾分けをする。黒砂糖を初めて口にする者もいたが、だれもがどこか懐かしい素朴な甘味を口のなかでゆっくりと楽しんだ。

宿舎隣には10坪ほどの自活農園があった。訓練や学科修得で余裕がない学生は畑仕事なんかと目もくれなかったが、伊舎堂の呼びかけに応えた有志が農園を耕す。気温が上がる7月になると、スイカやトマト、トウモロコシ、キュウリなどを収穫、あまりの見事な出来栄えにみなは歓声を上げ、夏の味を堪能する。

宇都宮市街地から約10キロ東の清原村（現・宇都宮市）に飛行学校があり、鬼怒川《きぬがわ》左岸の北関東らしい広大な河川敷が校区だった。

休日になると、3人は近くの鐺山《こてやま》集落に買い出しに出かける。果物や落花生、栃木名物の干瓢《かんぴょう》などを民家から仕入れ、宿舎でのおやつにした。

買い出しだけでなく、手作り料理やお茶でもてなしてくれるような、なじみの農家もできた。3人の幼子が伊舎堂によく懐き、伊舎堂も妹たちを思い起こすのか、かわいがっていた。

よく鰻屋《うなぎや》にも出かけた。鰻も美味いが、隣の郵便局に勤める美しい姉妹を見ることが目当てだ。3人とも、まだ20歳そこその青年だった。

少尉任官で給料も上がり、バスで50分ほどかけ、市街地にも行く。宇都宮城本丸跡に借りていた下宿で軍服から、陸軍航空少尉の品格を保つため、羽織袴の私服に着替え、二荒《ふたら》山《さん》神社の仲見世に繰り出す。

馬場が転化してバンバ仲見世と呼ばれ、寿座や電気館などの映画館や歌舞伎座などの芝居小屋、夏はかき氷、冬は牛肉飯、煮込みおでん、コロッケなどの飲食店が建ち並んでいた。宇都宮の浅草ともいわれた。

飛行機乗りにゃ　娘はやれぬ　きょうの花嫁　明日は後家

生死をかけた航空将兵はそう歌われた。

仲見世を冷やかした後、「武蔵野」「茅八百駒」などの料亭に赴く。厳しい訓練を忘れるように酒を飲み、料理を食らう。学校に帰る最終バスに乗り遅れることが幾度もあった。仕方なく、とぼとぼと3時間ほどかけ、たわいないことを語り合いながら帰校する。戦地に行く前のわずかな青春時代だった。

宇都宮飛行学校で練習機の飛行訓練を終えると、次は戦闘機、爆撃機、偵察機に分かれ、実技訓練が行われる。一番人気は空中戦の花形である戦闘機だ。事前に希望調査はあるが、希望通りとは限らない。

昭和17（1942）年8月18日、実技学校が発表される。伊舎堂と北島は千葉佐倉《さくら》の下志津《しもしづ》飛行学校で偵察機の操縦訓練を受けることが決まる。同期入校は33名だった。

「98式直接協力偵察機」の操縦訓練を受けるとともに、空中からの写真撮影、目視偵察、通信筒投下、航法を学ぶ。在学中に中尉に任官した。

帰省できない伊舎堂は同年の冬季休暇、東京にある上木の実家に招待され、飛行学校名物の大福餅を手土産にし、上木一家と大晦日や正月の団欒《だんらん》を楽しんだ。中学校時代から得意だった尺八も持参、家族が歌う曲に合わせ、演奏する腕前をみせ、多芸多才ぶりで改めて周囲を驚嘆させる。

翌年3月の訓練修了後、伊舎堂は「第7直協飛行隊所属」となり、中国戦線の中国山西省太原《たいげん》に赴任することになった。

赴任前休暇、佐賀にある北島の実家に招かれる。北島が故郷に近い熊本菊池の第103教育飛行連隊の教官となり、陸士入学以降、故郷に帰ることができない伊舎堂が最前線に行く。

最後の別れは佐賀駅だった。伊舎堂の凜々しい後ろ姿を北島は鮮明に思い出せる。一度でいい、石垣島の両親に別れを告げたい。幾度も口にしていたことを忘れられない。

心優しき川瀬少尉

誠第17飛行隊11名のうち、実戦経験があるのは伊舎堂と陸軍士官学校第56期の石垣仁中尉、少年飛行兵第11期の黒田釈《さとる》伍長しかいなかった。

士官候補生の操縦教育は飛行の一般教養とグライダー操縦1年に続き、「99式高等練習機」の飛行訓練6カ月、「97式戦闘機」などの実戦機訓練6カ月、編隊編成や射撃訓練6カ月と2年半にわたり、高度な技術を身につける。

海軍の予科練習制度にならい、昭和8（1933）年に発足した陸軍少年飛行兵の場合、募集年齢が14歳から16歳だが、士官候補生と同程度の操縦教育を受けている。11名のうち4名が少年飛行兵出身、最年少は小林茂兵長の16歳だった。

終戦が近づくにつれ、訓練期間が短縮され、当初は生徒4人に対し、1人の教官がついていたが、生徒8人に1人と教育水準も低下していった。20期までに4万5000名の生徒が学んだ。

短期で航空将校を育成する特別操縦見習士官出身は4名。いずれも昭和18（1943）年10月入校の1期生だった。

高等専門学校と大学の学生が対象で、入隊時に曹長、その後すぐ少尉に昇級する。どうせ、いつかは兵隊に行かなければならない。それならば、徴兵検査を受け、下士官として入隊するよりは、士官になった方が得策と考える学生が殺到した。

当初計画では単機搭乗で編隊を組む錬成教育まで1年2カ月だったが、短縮され1年足らずで将校となり、操縦訓練もままならないまま、最前線で厳しい任務にあたった。終戦までに約7000名が採用された。

4名のうちの川瀬嘉紀少尉は昭和14（1939）年、山形の米沢高等工業学校電気科に入学。繰り上げ卒業と同時に行われた徴兵検査で甲種合格。99式高等練習機などの陸軍機を製造している「立川飛行機」に就職が決まっていたが、京都の陸軍野砲兵第53連隊に入隊した。

このときに階級の差で理不尽な思いをした経験から、上等兵や兵長、伍長、軍曹を飛び越え、一気に曹長、少尉になることができる試験を受け、合格する。1期生87名のひとりとなった。

埼玉の桶川飛行学校で訓練を受けた後、少尉に昇級、独立飛行第43中隊に配属された。

東京で暮らす川瀬の実家に台湾から上京した第8師団司令部の軍曹が訪ねてきた。

「川瀬少尉殿はこの度、特別攻撃隊を志願されました」

あの穏やかな心優しい長男が特攻隊に行く。突然の知らせに驚愕するも、両親は頭を下げるしかなかった。

「息子にそんなことは止めるように伝えてください」

こんな言葉が母の口から出そうになった。しかし、そんなことを言える時世ではなかった。軍曹が去った後、父と母が心配そうに火鉢をのぞき込みながら、話し合っていたのを幼い妹が見ていた。

「4人もの息子さんがいるのだから」

あまりの母の落胆ぶりに近所の者が慰めの言葉をかける。

「子供は何人いても、それぞれがかわいい。死んでもいい子なんてひとりもいない」

どんな時代であろうとも、どんな境遇であろうとも母として至極当然の心情であり、言葉である。否定できる者などだれもいない。

昭和19（1944）年12月8日、川瀬は台湾花蓮港で誠第17飛行隊隊員の一員となった。

着任後も、飛行時間が少ない川瀬ら特別操縦将校には激しい訓練が待ち受けていた。艦船攻撃と夜間編隊飛行の訓練だけに絞られる。射撃も爆撃も偵察も空中戦も必要ない。ただ、夜明け前に出撃し、海上の敵艦船に突入するだけだった。

部下の致命的失態を笑い飛ばす伊舎堂《いしゃどう》

日本での操縦訓練を終え、昭和18（1943）年4月10日、伊舎堂は黄河の支流、汾河《ふんが》が市街地を貫く古都の山西省太原に到着する。山西軍閥の閻錫山《えんしゃくざん》が根拠地にしていたが、昭和12（1937）年の日中戦争勃発以降、日本軍が占領していた。中国戦線の最前線だった。

初の実戦となる伊舎堂の補佐役として、経験豊富な奥野一二三曹長が任命される。中国共産党軍と対峙している丘陵地帯での偵察が初陣だった。前席に操縦の奥野、後席に偵察の伊舎堂が搭乗する。

格納庫前で地図を広げて綿密な打ち合わせを行い、飛行準備完了の報告を受け、奥野が伝声管で発進を告げる。

飛行30分、目的地に到達、高度を下げ偵察を始め、敵の布陣を確認する。

スミヤカニ　コウゲキニ　ウツラレタシ

通信筒を伊舎堂が友軍陣地に投下すると、眼下で喚声《かんせい》を上げ、陣地を次々と味方将兵が飛び出しているのが映画のように見えた。

その時だった。突如、エンジンが止まる。懸命に奥野が始動ポンプを操作しガソリンを補給しようとする。だが、一度エンストを起こすと98式直協機は再始動が極めて難しい。どんどんと高度が下がる。このまま不時着もやむなしと、急旋回したとたん、エンジンがかかる。安堵する奥野だった。

なんとか基地に着陸後、奥野が伊舎堂に対し、「異常なし」と報告した。伊舎堂も隊長に同様の報告をした。

2人で連れ立って格納庫を出るとき、小声で耳打ちをする。

「エンストしてしまいました。ガソリンコック切り換え忘れのミスです」

伊舎堂の大きな目が一際、カッと見開き、奥野の目を見る。激しく叱責されると覚悟した。

「そうか、そうか、あれはエンストだったか。そうか、そうか」

破顔一笑。死に直面したにもかかわらず、部下の失態を笑い飛ばす。この後もコンビを組む奥野はこの明朗さに幾度も救われる。

中国内陸部の夏は暑く、雨が降ることはほとんどない。乾燥した滑走路に離発着するため、タイヤのパンクが頻発、整備班を悩ませていた。

後席の偵察将校として経験を積んだ伊舎堂は日を追うごとに偵察業務に慣熟《かんじゅく》する。2カ月が過ぎた頃、前席の操縦将校として最前線に飛ぶことが決まった。

黄河南に布陣する中国共産党軍と相対している地上部隊の援護と制空権確保が任務だった。

木もない赤茶色の荒廃した丘陵が連なる見晴らしがよい地形で、地上の敵を探しながら操縦することは容易い。しかしながら中国機と遭遇する可能性も高く、油断はできなかった。

98式直協機前席から、地上係員に離陸合図を送る。操縦将校、伊舎堂の初陣だった。

黄河付近の敵陣近くまで飛ぶと、小ぶりの戦車らしきものを発見。中国軍が戦車を保持している情報はあったが、伊舎堂が初めて目視、確認した。後席の奥野に伝え、すぐさま写真撮影を行う。

連日、早朝から日暮れまで間断なく、偵察飛行が続けられ、休憩できるのは燃料補給と整備する間だけだった。飛行経験値が一気に上がり、わずか数カ月で他の操縦員と大差ないほどの技量になった。

操縦が関勝曹長、偵察が伊舎堂で戦線を飛行していたときのことだった。上昇しようと、関が機首を引き上げた瞬間、エンジン停止。ガソリンを補給しようとするが、プロペラは一文字のまま、作動する気配もない。高度が下がる。2人で周囲を確認し不時着できる平地を探す。不時着できるか、事故死か。その間5分。滑空状態のまま、友軍陣地の近くの平原に着地を試みる。どんと着陸するが、機体が転覆して大破。2人とも土砂に埋まった。

なんとか、土砂から友軍の兵士に救助された。だが、機体処理が問題だった。

「関曹長、このまま機体を放置すれば、敵に手渡すことになる。すぐ焼却しよう」

決断は早かった。ガソリンタンクに穴を開け、伊舎堂が火を付ける。機体が一気に燃え上がった。飛行機乗りは生と死の境を行き来している日々だった。

数日間が必要な本格的機体整備の際、休暇が許可された。勤務に支障がない範囲で、希望者はトラックに乗り込み、太原の市街地に出かける。

階級ごとに行く店は異なっていたが、街で伊舎堂がよく中国人と会話しているのが見かけられた。

中国語ができる日本軍将校は中国人に珍しがられ、店主や子供たちと気さくに話をし、周囲の日本人も中国人も和やかな雰囲気になった。

昭和18年暮れ、第7直協飛行隊は攻撃作戦には参加せず、夜間訓練に明け暮れる。計器飛行訓練から計器を使わない航法訓練に移行していた。

燃料不足が深刻になり、技量が一定基準まで達していない操縦員の訓練を重点的に行い、伊舎堂らは地上からただ訓練を見学するだけだった。

なぜ、敵対する中国軍を攻めず、訓練ばかりをしていたか。ミッドウェー海戦以降、米軍に連戦連敗、中国大陸で戦闘を続けていた兵力を太平洋戦線に移さざるを得なくなっていた。

この年の2月にガダルカナル島から撤退。5月にアリューシャン列島のアッツ島守備隊が全滅。初めて玉砕という言葉が使われた。隣のキスカ島から5200名全員の撤退が唯一の救いという惨憺《さんたん》たる状況だった。9月には欧州戦線でイタリアが無条件降伏、ドイツも危機に陥っていた。

昭和19年2月、日本の真珠湾といわれた海軍の根拠地トラック島が大空襲を受けて壊滅する。南太平洋の制海権を奪われ、トラック島は孤立、食糧供給を受けることができず1万名以上が餓死した。

トラック島を失った日本は南西諸島、台湾、フィリピンなどの戦備増強を決める。これを受け、第7直協飛行隊は太平洋戦線に投入されることになった。

昭和19年2月24日、第7直協飛行隊は中国戦線から静岡県浜松に転進。伊舎堂は編隊を指揮し、隊長機とともに朝鮮大邱《テグ》経由の空路で移動した。

整備部含め隊員の多くは航空機に乗り込めないため、列車と連絡船を乗り継ぎ陸路で帰国する。

浜松では機種変更に伴う慣熟訓練を行った。新型の「99式軍偵察機」に変わった。後部座席の副操縦装置などを外し、胴体の下部と横の窓から外部を撮影するカメラを装備した偵察専用機である。

単発単葉複座の固定脚で外観は海軍の99式艦上爆撃機に似ているが、99式艦上爆撃機は防弾装備が簡略され、海軍搭乗員が「99式棺箱《かんばこ》」と自嘲していたのに対し、99式軍偵察機は開発当初から低空で地上攻撃を行うことを目的としていたため、防御防弾性能は高かった。

ピカピカの新型機は従来の「98直協機」よりも機内も広く操縦性も安定し、搭乗員の評判は上々だった。

操縦訓練以外にも海上航法訓練も実施された。地図と眼下に見える地形を照合しながら航路を選ぶ陸上飛行に対し、飛行位置が確認できる物がなにもない海上飛行は格段に難易度が高い。

海上での敵機と交戦後、自分が飛んでいる位置が不明になり、航空母艦や飛行場に帰還できず、燃料切れで墜落死した航空将兵は数え切れない。伊舎堂が先任操縦将校となり、浜松南に広がる洋上で連日、厳しい訓練を行った。

米軍に攻め込まれていることはだれもが肌で感じていた。台湾に移動したら、二度と内地の土を踏むことはできない。家族との別れを交わすべく隊員に帰省が許可された。

故郷が遠い伊舎堂だけは浜松の宿舎で休暇を過ごす。

郷土防衛につく〃蓑笠《みのかさ》〃部隊

昭和19年11月9日、石垣島の登野城校《とのしろこう》記念運動場にカーキ色の服に巻脚絆《まききゃはん》姿の2000人が集まる。現地で召集令状を受けた第506特設警備工兵隊に入隊する男たちだった。

この年7月、サイパンが陥落。同じ頃、敵上陸に備え、八重山《やえやま》諸島の60歳以上や学童の台湾疎開が始まった。

輸送船などで3000人以上が疎開したが、尖閣諸島沖合で敵機の襲撃を受け、130人が乗った船が沈没。生存者が尖閣の久場島《くばしま》に漂着、決死隊9人が手作りの船で石垣島に戻り、生存者が救出された事件もあった。

すでに若者は戦地に赴き、召集されたのは敬礼もぎこちない中年の老兵ばかりだった。食堂や酒屋、写真店などの店主、農業や漁業をしている者、議員、新聞記者もいた。見送りの家族たちで運動場はごった返していた。

そのなかに大浜小学校の教師だった石垣正二もいた。小学生時代に遊んだ母校の広場でもあり、大浜小に転勤する前、教鞭を執り子供たちと体操をした思い出の地でもある。

師範学校卒業後、宮崎の都城第23連隊に入隊した経験はあるが、教員が出陣するときは敗戦間近と腹をくくっていた。最後の最後、しんがりである。妻子を残し、教え子たちに別れを告げ、郷土防衛に出向く。死地に行くような異様な感覚。覚悟はしていたが、それが現実となった。

初めて石垣島が空襲を受けた日のことを正二は鮮明に覚えている。召集を受ける1カ月前だった。

昭和19年10月12日、空は晴れ渡り、於茂登《おもと》の山々が紫色に輝いて見える。木曜日だったが、学校は休み、無人の校庭が明るい日に照らされている。

午前8時すぎ、職員室でほかの教員と雑談をしていた。経験したことがない突然の爆発音に立ちすくむ。ダッダッと連続の破裂音。校内で井戸掘り工事をしている。事故が起きたのか。どうにか窓際に行き、確かめようとした。今度はより大きな爆発音、校舎が揺れる。爆音とともに黒い影が校庭を横切った。窓から空を見上げる。黒い両翼に星形のマーク。敵機、敵襲だ。窓から外に飛び出し、コンクリートの壁に寄り添うように小さく身を潜めた。もう1機が近づき、機銃掃射を浴びせかける。息を殺す。他の教員も玄関先でうずくまっている。東の空を見ると、敵機2機が悠々と旋回している。ズングリとした黒い戦闘機。グラマンだろうか。初めて見る敵機に奇っ怪な興奮を覚えた。

その日、大浜小の子供たちは朝から飛行場建設作業をしていた。引率の訓導《くんどう》が麦わら帽子のつばを射貫かれたが、けが人はいなかった。

受話器をつけて待機していた通信兵さえ、何の情報も警報も入らないうちに銃撃音が聞こえ、友軍の訓練と思ったというほど、予期せぬ空襲だった。

翌13日、与那国島《よなぐにじま》にも初空襲があり、久部良《くぶら》集落250戸のうち160戸が焼失。高台の見張りが飛来した2機を発見、銃撃をしようと敵1機が白煙を上げて急降下したため、味方の攻撃で米軍機が撃墜されたと勘違いして、「万歳、万歳」と歓喜の声を上げる。すぐさま凄まじい銃撃を受け、あわてて学校に避難準備の連絡をする有様だった。

初めての空襲は那覇などが大規模な爆撃を受けた10月10日という記録もある。

米軍機は襲撃を繰り返しながら、空から地上を撮影、詳細な地図を作成し、後の作戦の参考にした。

伊舎堂の婚約者も八重山諸島や沖縄本島が空襲に遭ったことを知り、手紙を出した。

琉球の島々も爆弾に逢偶《ほうぐう》し、敵の無差別爆撃によって、那覇も灰燼《かいじん》の街と帰したようで、新聞紙上で知り、石垣島のご両親様、皆様のご無事をお祈りしております。毎日、用久様のお手紙、楽しみにお待ち致しておりますのよ。でも、お忙しくて、なかなかお暇がございませんことと存じます。
私の方より、たびたびお慰めのお便り差し上げるべきところ、筆無精なので困りますのよ。お許しくださいい。

（昭和19年10月29日付）

現地召集を受けた11月9日のうちに、2000人は石垣島の登野城校記念運動場から白保まで行進した。訓練は小学校の体操しか受けていない者も多く、行進では右手と右足を同時に出す始末で、軍隊とはほど遠い集団だった。10キロの道をただ足どり重く歩く。それでも道行く住民たちが激励の声をかけた。郷土の防衛部隊だった。

白保小学校の西から宮良《みやら》の北に広がる岩盤の荒れた原野に三角兵舎が点在していた。

兵舎といっても地面を掘り下げた茅葺きの長屋で、両端に出入り口があった。腰をかがめて入ると、薄暗く空気がよどんでいた。ひどく蒸し暑い。

ここが陸軍第５０６特設警備工兵隊の駐屯地である。任務は伊舎堂が出撃する陸軍白保飛行場の完成だった。

開戦当時、石垣島には昭和８（１９３３）年に完成した海軍飛行場しかなかった。５００メートル滑走路２本の小型機不時着用だった。

港湾施設では西表島《いりおもてじま》に歩兵隊や重砲兵連隊、陸軍病院などが置かれた陸軍船浮《ふなうき》要塞があった。水深が深い船浮湾は明治時代から要塞の最適地とされ、野砲やカノン速射砲６門が配備されていたが、奇襲攻撃を防ぐ程度の脆弱な防衛施設にすぎなかった。

大陸や台湾への中継地点だった石垣島は、フィリピン方面から南西諸島や台湾に来攻する敵に備える防衛拠点として戦略的価値が変わってきた。

このため海軍は昭和19年に新飛行場建設を始める。八重山中学校生徒を始め、住民も動員され、８月に２０００メートル滑走路が完成した。正式名称は「海軍石垣島南飛行場」だが、大浜飛行場や平得《ひらえ》飛行場とも呼ばれる。

形式を重んずる軍隊には制服制帽が欠かせない。だが、工兵隊に軍服はなく全員が私服だった。それどころか、くたびれた中折れ帽をはさみで切った手作り制帽、靴でもなくわらじばき、雨が降っても合羽がなく、蓑笠《みのかさ》をかぶり、黙々と作業する。この滑稽な軍隊を「蓑笠部隊」と自称するようになった。

工兵隊は4個中隊に編成、後に5個中隊となった。第1中隊長に花木光洋、第2中隊長に新垣清秀、第3中隊長に蔵下芳男、第4中隊長に後嵩西《しいたけにし》仙吉、第5中隊長には伊舎堂の姉トヨ子の夫、義兄の石垣信純《のぶずみ》。石垣島で税理士をしていた。

幹部は大隊長に八重山農学校配属将校の高良鉄夫、副官に八重山中教員の有銘《ありめ》興昭、部隊付き将校に照屋善清。大浜小学校教員の石垣正二は第3中隊の1小隊長になった。

編成こそ立派な軍隊だったが、スコップとモッコで滑走路を建設するもっとも原始的な工兵部隊である。モッコでさえ手作りだった。材料は自生するクズと呼ばれるトウツルモドキで、ノーリ山やオーハラ山まで採取に出かけ、ノルマは1日4個だった。

食糧事情も貧弱だった。新たに陸海軍が進駐する際、1斗袋（約15キロ）の米5万袋が石垣島に陸揚げされ、各地に保管された。しかし現地召集部隊には充分にまわってくることもなく、サツマイモを米に混ぜて炊くなどして、不足分を補った。

みそやしょうゆ、塩なども配給品だった。塩が途切れたこともあり、仕方なく白保海岸から海水を運び、汁を作ったこともあった。野菜などの副食は現地調達、馬車で地元農家をまわるが、常に不足しており、汁にはわずかばかりの野菜クズが浮いているだけだった。

白保小学校近くの民家の庭に大きな鍋や釜をしつらえ、炊事場とした。少しでも飯にありつきたいと、各隊とも炊事係希望者が殺到する。炊事の途中や兵舎まで運ぶ間にこっそりと食べる者もいた。重労働に耐えられる食事にはほど遠く、隊内には不満が充満していった。

滑走路建設と同時に進められたのが、敵の空襲に備えた防空壕掘りである。30人が避難できる大きさの壕を毎日、交代で掘り進む。

点在する三角兵舎も自生するアダンで屋根を覆って偽装する念の入れようだった。

米軍の空襲は日ごとに激しさを増し、南東や南西の雲間から10機単位で来襲、悠然と石垣島上空を飛行、縦横に銃撃を加えて東の空に飛び去る。

銃撃による弾痕で穴だらけになった滑走路を工兵隊が穴埋め作業にあたった。当初は夜間だけで作業をしていたが、それでは頻繁な空襲に追いつかず、危険な昼間も作業を行うようになっていた。

滑走路わきに避難できるタコツボを掘り、空襲が始まると、退避の合図でいっせいに駆け出し、タコツボに逃げ込む。ジッと身を潜め、銃撃が終わるのを待つ。敵機が飛び去ると、補修作業に取りかかる。この繰り返し。いつ終わるとも思えない作業が続いた。

石垣島での最後の37日間

伊舎堂が隊長宿舎にしていた前盛家の嫁である敏子の弟、通事《とうじ》浩は隊員たちと過ごした37日を鮮明に記憶していた。

「特攻隊員が遊び相手でしたよ」

10歳だった浩はオーセに集まる多くの子供のひとりだった。隊員たちは仲良くなるうち、通事家にも顔を出すようになった。

「いつも、うちに遊びに来たのは多分、私の姉が目当てだったのでしょう」

敏子と浩の間にもうひとり、姉がいた。老人と子供ばかりの集落のなかで年頃の女の子は珍しく、かなり目立っていた。

なかでも、浩がもっとも親しくなったのは芝崎茂少尉だった。

埼玉県川口出身の芝崎は中央大学から特別操縦見習士官1期生。同期には川瀬嘉紀少尉、大門修一少尉、久保元治郎少尉がいる。夜間早朝の離着陸訓練だけを受け、ただ特攻隊員になるために短期育成された飛行将校たちであった。

「画用紙と絵の具はあるか」

姉が使っていた画用紙と絵の具を芝崎に手渡す。

「家族に送る絵を描くんだ」

自分が最期まで暮らした石垣の情景を家族に知らせ、残しておきたい。そう思ったのだろう。駐屯している住所は秘匿事項であり、写真を送ることなど不可能である。

フクギの木々に覆われた南の島らしい家屋のスケッチを始める。

色々な絵の具を混ぜ合わせると、複雑な色彩になることを浩に説明しながら描いていく。見事な絵画が仕上がる様子を初めて浩は目の当たりにする。こんなに絵が上手い人間を間近に見たことはなかった。後年までスケッチの構図まで鮮明に記憶していた。

家主の許しを得て、パパイヤやバショウの木を軍刀で切る様子を見せてくれたこともあった。切った後、井戸水で軍刀を洗い、打ち粉でパンパンと叩き、刀の手入れ方法まで教えてくれた。自分たちが戦死した後、浩に託す思いがあったのだろうか。

出撃直前、浩に別れを告げる。

「きょう、空からさよならの合図をするからね」

航空機の翼を上下に振る動作である。この頃の心情を芝崎が歌に残している。

今年なり　今年こそと　おもふなり　若き桜と　咲き散るこの年

薩摩半島南端の鹿児島大浦出身、有馬達郎伍長のことも浩はよく覚えている。

豆腐を作ろうと、浩の叔母が石臼で大豆をひいていた。

「豆腐のお焦げが食べたい」

鍋にこびりついた豆腐のお焦げを集め、叔母が有馬に渡す。座りもせず、立ったまま、すぐさま口いっぱいに頬張った。

「軍隊に入っても豆腐のお焦げが食べられるなんて、夢みたいだ」

わずか17歳。いまならば高校生の年頃である。故郷の台所で料理をする祖母や母のわきでお焦げを待つ子供の頃とさして変わらない。まだ幼さが残る特攻隊員だった。

出撃2日前、恩師のもとに駆けつける伊舎堂《いしゃどう》

陸士卒業後、飛行学校を経て伊舎堂は中国戦線で実戦経験を積む。その後、いったん帰国し浜松で新型機の飛行訓練を受ける間、同僚の仲介で見合いして婚約する。浜松から那覇経由で台湾花蓮港に移動途中、空から生家に手紙を投下。そして花蓮港から7年ぶりの郷里に帰ってきた。でありながら家族と会うことも、顔なじみが多い島民と交友することもなく、出撃の日を待ち構えていた。

しかし現地召集工兵隊の石垣正二とは時折、言葉を交わす。隊の8割は現地事情に精通している大浜村出身者だった。

ある日、挨拶と激励を兼ね、上司の蔵下芳男を伴い、正二が宿舎を訪ねた。突然の訪問であるが、いつも通りの笑顔で伊舎堂は2人を出迎える。

「一杯、飲んでいってください」

2人に勧め、酒が進むと当たり前のように石垣島の思い出になる。

「正二先輩とは家が近隣で子供のとき、縄を編んで売り、天ぷらを買って食べたことがありますよ」

大正2（1913）年生まれの正二と、大正9（1920）年生まれの伊舎堂は近所の幼なじみだった。

「先輩はファナー（子供）の大将でした」

いたずら小僧のように笑いかける。最後、2人に伊舎堂が力強く言い切った。

「日本は必ず勝ちますよ」


毎日のように伊舎堂は航空機を秘匿している茂みを点検していた。機体の上を覆っているアダンが赤く変わっているのを見つける。空襲を避けるため、航空機は掩体壕《えんたいごう》に隠しておくが、それだけでは足りず、アダンが繁っている木々に分散して隠していた。

「こういう風に変色していては敵に目標位置を知らせるようなものだ」

すぐに担当者を呼び、厳重に注意をする。だが、普段はいつもの通り、階級の分け隔てなく、気さくに声をかけた。

滑走路の補修に使うため、工兵隊が白保集落の石垣を崩す作業をしているところに姿を現す。

両手一杯に貴重なタバコの箱を伊舎堂が抱えている。しかも台湾専売局が特別に航空隊だけに配給していた「つわもの」である。黙々と作業する郷土の先輩に対する伊舎堂の感謝の印だった。老いた工兵隊員たちは飛び上がるように歓喜した。

特攻出撃2日前、恩師と再会を果たす。県立二中時代、国語と漢文を教えていた阿久根朝松だった。当時、八重山中学校教頭になっていた。その日、飛行場整備工事のため、生徒100人ほどを引率、スコップやクワを手に作業をしていた。

朝から日差しが強く、うだるような暑さになった。1時限目の作業の後、2時限目の作業も終わりに近づいていた。もうすぐ昼である。空腹と疲労で生徒たちはスコップを杖代わりにし、ようやく立っているような状態だった。

そのとき、飛行場を横切っている白保街道の方からトラック1台が走ってくるのが見えた。また、口やかましい巡視が作業の進捗状況を確認に来たと思い、生徒たちに声をかける。

「そのまま手を動かせ。作業を続けろ」

100メートルほど手前でトラックが停まり、運転席の助手席側から将校が降りてきた。急ぎ足で将校は近くまで来て、直立不動で敬礼をする。

この時、初めて教え子だった伊舎堂用久ということがわかった。

我が校の教頭に敬礼をする陸軍飛行将校。肩から金モールが輝いている。訳がわからず茫然と100人の生徒が2人を見つめていた。

陸士卒業後、石垣島で飛行隊長になっていることは噂で耳にしていたが、まさか会えるとは思っていなかった。

出撃間近、最後の挨拶にと伊舎堂が八重山中学校を訪ねたが、阿久根が生徒と一緒に飛行場作業に出ていると聞き、トラックで駆けつけた。

金モール燦然《さんぜん》たる伊舎堂の凛々しい姿が阿久根のまぶたの奥から消えなかった。

伊《い》舎《しゃ》堂《どう》の右腕・石垣中尉、無念の戦死

特攻出撃を4日後に控えた昭和20（1945）年3月22日、石垣仁中尉が戦死した。

石垣より台北へ空輸する際、野柳半島西方海上で敵機と交戦、戦死する

記録にはそれだけしかない。出撃が間近に迫り、伊舎堂に次ぐ階級の石垣が隊長代理として最後の打ち合わせのため、単機で台北に向かう途中、敵空母から発艦した敵艦載機と遭遇、やむなく交戦となったとみられる。

伊舎堂の1期下、陸軍士官学校56期。根っからの職業軍人だった。少尉任官の際、決意を記している。

生なく、死なく、我なし、限りなき輔翼《ほよく》の菩薩《ぼさつ》行《ぎょう》なり。
人間の性格は荒波に揉《も》まれて、はじめて完成する。

性格は生まれながらにして、天より与えられたる不変的存在ならずして自ら修養し発展すべきものである。

自然はやがて花咲き、実を結ぶべき萌芽を無数にばらまきている。

しかし、これを培養し最終の美をなさしむるものは極めて少ない。吾人《ごじん》はこれを発芽せしめ人間の使命をまっとうすべきである。

信は力なり。


特攻隊を志願し誠第17飛行隊に入隊、隊長とともに己のことは二の次にして部下の若い隊員たちを叱咤激励しながらも、その日までと温かく見守っていただろう。石垣仁23歳、台湾沖で散華する。どれほど無念だったただろうか。

7年ぶりの親子再会

「家に帰って一度、両親に顔を見せてはどうか」

石垣島に駐屯していた第69飛行場大隊長の浅沼紀平少佐は伊舎堂に顔を合わせるたびに、帰宅を促していた。

しかし、伊舎堂の返事は変わらなかった。

「部下のことを考えれば、そういうわけにはいきません」

誠第17飛行隊の整備兵が戦後、こう語っている。

「伊舎堂隊長は石垣島に実家があり、お父さんも妹さんもいらっしゃる。それなのに隊長は家に帰らぬ。みんなでぜひ、家に帰ったらいかがですかと言っても、『戦争をしているんだ』と言って、部下の訓練をしていた。あの隊長のためなら喜んで命を捨てることができる」

部下にとって、伊舎堂と行動をともにすることは当然の成り行きだった。

しかしながら、出撃が間近となったとき、浅沼の再三再四の要請に根負けし、浅沼とともに車で登野城にある実家に向かった。

玄関で出迎えた父、用和は伊舎堂を上座に座らせた。厳格な父は三男と今生の別れとなることを悟っていた。

特攻隊長就任の経緯も、戦死後の処遇も、戦局の行方も語らず、2人は静かに杯を交わす。

帰りの車中で漏《も》らした言葉が浅沼の脳裡で渦巻く。

「いずれ、敵が沖縄に上陸すれば、私は第1次特攻隊として特攻することになる。死ぬことは何とも思わないが、私たちが死んだ後、祖国日本はどうなるだろうか。それが心残りです」

口では「日本が負けることはない」と言っていても、いかに特攻機で戦艦を轟沈させようとも、挽回しようがないところまで追い込まれていた。すでに日本は敗戦すると腹をくくっていた。

「我々が残っているから心配ない」

それしか浅沼には返す言葉がなかった。


昭和20(1945)年3月17日、日本軍の猛反撃を受けていた米軍が硫黄島を制圧。次なる目標は沖縄に絞られ、米機動部隊の動きが活発になる。

偵察主体の飛行第10戦隊が台湾台北を拠点として沖縄や八重山諸島の海上を警戒に当たっていた。

隊を率いていたのは陸士第6中隊で中隊長を務めていた新沢勉中佐だった。航空兵力の拡充で、伊舎堂が歩兵科から航空科に転科した際、新沢が中心になって人選する。運動能力、平衡感覚など搭乗員としての適性を判断したうえで、本人の意思を確認して選考した。

伊舎堂は歩兵科のままだったならば、特攻隊長に抜擢されるはずもなく、新沢は伊舎堂の運命を変えた男といえる。

新沢自身も同時期、航空将校に転科していた。第10戦隊が沖縄近海で米機動部隊を発見したならば、すぐさま伊舎堂隊出撃である。ここでも伊舎堂の運命を左右する役割だった。

3月25日正午、第10戦隊が那覇西方海上で米空母2隻を含む大規模な艦隊を発見する。

敵ハ本朝来、慶良間《けらま》諸島付近ニ上陸ヲ開始セルモノノゴトシ

明朝にも米軍が慶良間諸島上陸作戦を開始するとの緊急電だった。第8師団が命令を発する。

第九飛行団長ハ明二十六日早朝、誠第十七飛行隊ヲ基幹トスル特別攻撃隊ヲモツテ慶良間群島周辺ノ敵機動部隊ニ対シ左ノゴトク攻撃スベシ
攻撃時刻　〇五五〇
編成オヨビ攻撃方式　甲編成第一方式
直掩機《ちょくえんき》ノ装備　爆装備

甲編成とは特攻機1機ずつに掩護《えんご》する直掩機が付き、その直掩機も爆装で特攻機と同じ爆弾を抱えることを指示した。直掩機は掩護した後、「ともに特攻せよ」の命令だった。

第17飛行隊に出撃命令が下されたのが25日午後8時。前盛家の当主、善介は連絡を受け、白保飛行場に駆けつけた。

「お世話になりました」

頭を下げ、伊舎堂がこれまでの感謝の意を告げる。それが2人の別れだった。

連絡を受け、隊員たちの賄《まかな》いをしていた仲宗根《なかそね》千代も大急ぎで弁当を作り、持って行った。飛行中、機上で食べることができるように、竹の皮に包んだ握り飯弁当だった。

軍が石垣に進駐してきた当初、千代は病院担当だったが、料理が得意なこともあり、配置転換してもらっていた。当初、隊員のなかには18歳の千代と同じくらいの少年がいたことに啞然とする。

午後11時50分、戦闘指揮所に隊員や関係者が集合する。第9飛行団長の柳本栄喜大佐が最後の命令を下す。

誠十七飛行隊ハ独立第二十三中隊ト協同シ、二十六日〇五五〇、慶良間群島周辺ノ敵機動隊ヲ攻撃シ、コレヲ覆滅《ふくめつ》スベシ

「敵はいよいよ我が国土に侵寇《しんこう》しようとしている。諸君の成功を祈る」

別れの杯に酒を満たし、白鉢巻き姿の隊員が酌み交わす。千代が食事を作っていた隊員の鉢巻きには「お母さんお先に」と書かれていた。

「いずれ私たちも祖国のため殉死する運命を免れないと思っていたので、特別な感情は浮かばなかったけど、いまでもあのときの姿が浮かんでくる」

星がキラキラと美しい夜空、関係者40人だけが若者の壮途を見送る。

第4章

昭和20年3月26日、誠《まこと》第17飛行隊出撃

26日午前5時50分「イマヨリ我、突入ス」

出撃は昭和20（1945）年3月26日の午前4時だった。

「伊舎堂《いしゃどう》隊長の出撃です。すぐ来て下さい」

義兄である石垣信純《のぶずみ》の兵舎に整備兵が飛び込んできた。工兵隊中隊長だった信純は整備兵や隊の関係者とも親しくしていた。

兵舎から飛行場まで約1キロ。自動車も自転車もなく、これが義弟との別れになる。息を切らせ、走りに走った。

到着したとき、伊舎堂機はすでにエンジンを掛け、プロペラが回り始めている。もうだめだ、遅かったと茫然と立ち尽くす。

そこへだれかが信純の手を取り、急いで搭乗機の近くまで連れて行く。

すでに特攻機を守る直掩機《ちょくえんき》は離陸し、上空で待機している。操縦席で眼前を伊舎堂はしっかり見つめ、搭乗機はまさに飛び立とうとしていた。

思わず信純は動こうとする搭乗機にしがみつく。伊舎堂はようやく義兄の姿に気づく。

言葉は一言だけだった。

「姉さんによろしく」

信純が何か言う間もなく、滑走路を駆け、伊舎堂機が空に舞い上がる。言葉も声もなく、その場に崩れ落ちる。


その日、八重山《やえやま》地方の天候は快晴、東の風、風力3だった。

白保《しらほ》飛行場を離陸した特攻機4機、直掩機6機からなる伊舎堂隊は誘導機、確認機とともに低空飛行で宮古島上空を避け、敵哨戒機《しょうかいき》に発見されることなく慶良間《けらま》諸島西方海上に向かう。


天気晴朗、月齢十二夜ノ残月ヲ浴ビツツ……


伊舎堂からの打電がある。上陸作戦を始めようと準備している米艦隊背後の雲間から体当たり攻撃を企図する。

月没時刻5時9分、日の出時刻6時28分。突入予定時刻5時50分は薄暗い空ではある

誠第17飛行隊で使用された99式軍偵察機

が、海面はわずかに明るみがある。敵艦隊から見えづらく、空からは目視できる絶妙な設定時刻だった。

北緯26度20分、東経１２７度18分付近、海上に浮かぶ大小の米艦隊を発見。大型空母２隻、小型空母２隻を含む大艦隊だった。

いっせいに駆逐艦の対空砲火が始まり、凄まじい米軍の火力を見せつける。

予定時刻の５時50分。

イマヨリ我、突入ス

芝崎茂少尉、川瀬嘉紀《よしのり》少尉、黒田釈《さとる》伍長の順に打電が入る。

各隊員の戦果を報告した後、伊舎堂用久《ようきゅう》大尉も体当たり攻撃を敢行する。

6月23日まで続く、沖縄戦の最初の戦いだった。

弁当を届けた千代はそのまま司令部に残り、連絡を待っていた。伊舎堂隊突入、成功の報が届く。

歓喜の声も、泣き叫ぶ声もなく、司令部全員が同時に合掌、隊員たちの冥福を祈った。ただひとり、伊舎堂の当番下士官だけが泣き叫び、床に座り込んでいた。千代は忘れられない。

「往時に思いを致すとき、あの若さで異性を知ることもなく、青春を楽しむこともなく、ただただ祖国の安泰と慈母の健やかなることを念じ、黙々として死の首途《かどで》に赴いた少年特攻兵の面影はいまでも忘れることはできません。司令部のそのときの一種悲壮、感動的な光景はいまなお脳裡に浮かんできます」

敵機動部隊専任攻撃隊たる誠《まこと》十七飛行隊及び独立飛行第二十三中隊をもって慶良間群島西方海面に遊弋《ゆうよく》中の敵空母群に体当たり攻撃を敢行せり。
改造航空母艦一撃沈
戦艦一撃沈

改造航空母艦一撃破
戦艦二隻、改造空母二隻一撃沈か撃破

（第8飛行師団戦闘詳報）

米国海軍作戦年誌によると、伊舎堂隊が突入した慶良間諸島北10キロの海域で、対空砲により被弾した特攻機が戦艦ネバダの砲塔に激突し破壊、駆逐艦ポーターフィールド、軽巡洋艦ビロキシ、駆逐艦ドルシイ、同フォアマン損害。慶良間諸島北西30キロの海域でも機雷施設艦スカーミッシュ、慶良間諸島沖合で駆逐艦オブライエン、沖縄本島嘉手納《かでな》沖合で駆逐艦キャラガン損害と記録されている。

今回の特攻作戦で第10方面軍司令官の安藤利吉大将から感状が授けられ、全軍に布告された。

誠第17飛行隊4名のほか、同じく特攻した直掩機の独立飛行第23中隊の阿部久作少尉、須賀義栄軍曹、長野光宏軍曹、金井勇軍曹、岩本光守軍曹、広瀬秀夫軍曹が戦死。両隊の隊員がそれぞれ2階級特進する。伊舎堂は大尉から中佐に昇進した。

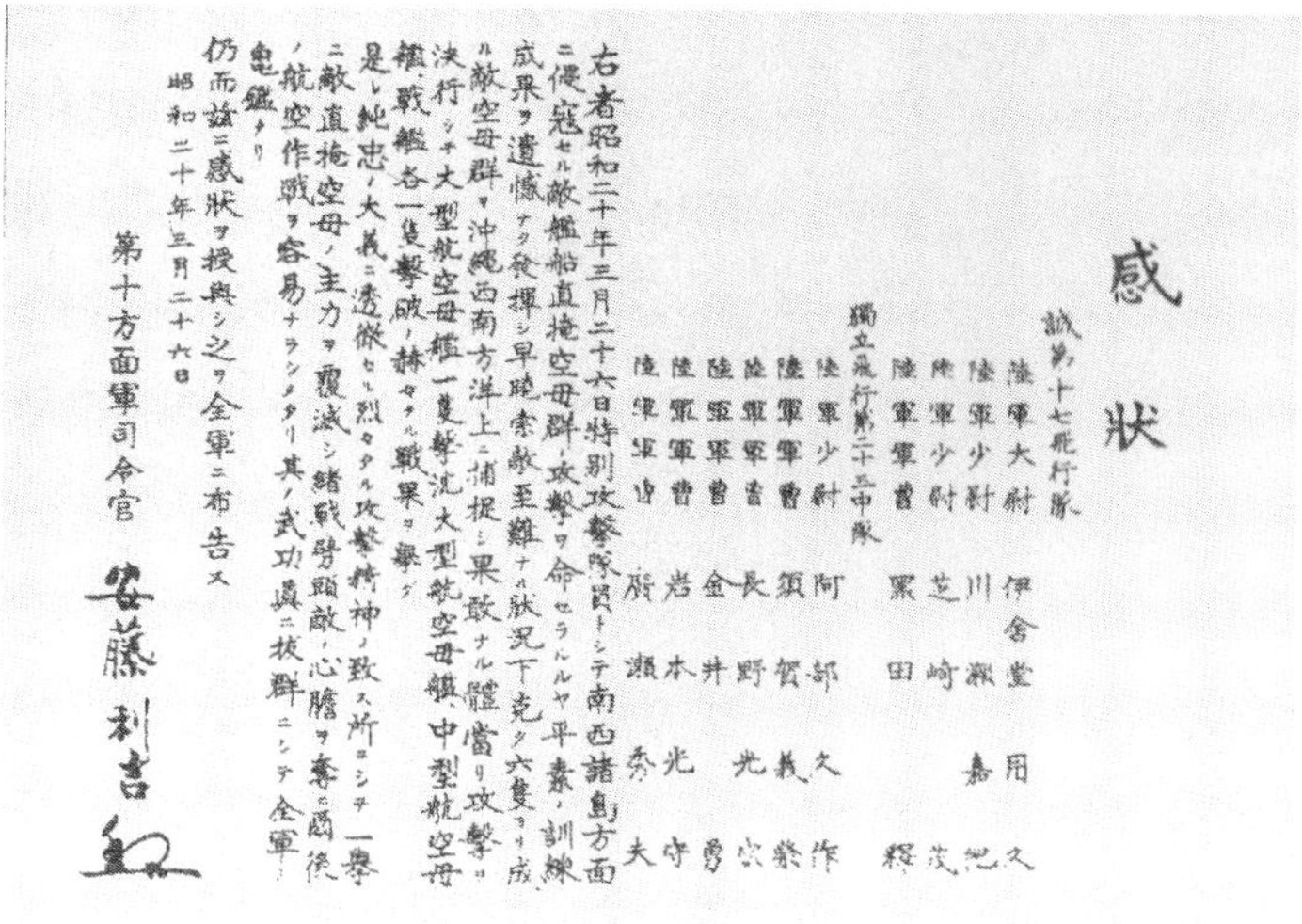

感状

誠第十七飛行隊
陸軍大尉　伊舎堂用久
陸軍少尉　川瀬嘉紀
陸軍少尉　芝崎茂
陸軍軍曹　黒田釋
獨立飛行第二十三中隊
陸軍少尉　阿部久作
陸軍軍曹　須賀義栄
陸軍軍曹　長野光宏
陸軍軍曹　金井勇
陸軍軍曹　岩本光守
陸軍伍長　廣瀬秀夫

右者昭和二十年三月二十六日特別攻撃隊員トシテ南西諸島方面ニ侵寇セル敵艦船直掩空母群ノ攻撃ヲ命セラルルヤ平素ノ訓練成果ヲ遺憾ナク発揮シ早暁索敵至難ナル状況下克ク六隻ヨリ成ル敵空母群ヲ沖縄西南方洋上ニ捕捉シ果敢ナル體當リ攻撃ヲ決行シテ大型航空母艦一隻撃沈大型航空母艦、中型航空母艦、戦艦各一隻撃破ノ赫々タル戦果ヲ挙ク
是レ純忠ノ大義ニ透徹セル烈々タル攻撃精神ノ致ス所ニシテ一挙ニ敵直掩空母ノ主力ヲ覆滅シ諸戦劈頭敵ノ心膽ヲ奪ヒ爾後ノ航空作戦ヲ容易ナラシメタリ其ノ武功眞ニ抜群ニシテ全軍ノ亀鑑タリ
仍而茲ニ感状ヲ授與シ之ヲ全軍ニ布告ス
昭和二十年三月二十六日
第十方面軍司令官　安藤利吉

伊舎堂とともに特攻戦死した誠第17飛行隊と独立飛行第23中隊に授与された感状

26日早朝から猛烈な空襲と艦砲射撃が加えられ、その掩護《えんご》下に8時ころから米軍は水陸両用戦車を先頭として阿嘉島《あかじま》、慶留間島《げるまじま》、外地島《ふかじしま》に上陸を開始した（戦史叢書『沖縄方面陸軍作戦』）。

慶良間列島は7時30分から上陸開始（戦史叢書『沖縄方面海軍作戦』）。

郷土を守るための伊舎堂隊の戦死が沖縄戦の緒戦だった。だが、いまではその事実をだれも語ることがなく、沖縄の歴史として葬られたままである。行き過ぎた沖縄の平和教育が伊舎堂用久の名を口にすることを阻んでいる。

第1陣に引き続き、3月29日、安原正文少尉が出撃し慶良間諸島沖合で敵機動部隊に突撃した。

4月2日、独立飛行第23中隊の誘導で出撃した久保元治郎少尉と有馬達郎兵長が嘉手納《かでな》沖合での米機動部隊に突入した。

4月8日、林至寛《よしひろ》兵長が出撃、沖縄本島中城湾《なかぐすくわん》の敵機動部隊に体当たり攻撃した。誘導していた第23飛行隊隊長の高橋一茂大尉と同隊の佐藤正文大尉も体当たり攻撃し戦死。巡洋艦2隻が撃沈、大破、大型船1隻撃破と第8師団が発表した。

5月14日、大門《おおかど》修一少尉が喜界島《きかいじま》北の沖合で戦死している。

3月26日から始まった作戦で、伊舎堂隊10名全員が散華した。

伊舎堂が戦死した3月26日、事情を知らない父の用和《ようわ》と母ミツ、姉トヨ子、妹の節子がそろって白保飛行場を訪れる。

特攻出撃が近づいていることを察知、これが最後になるかもしれないと心づくしのご馳走を携えていた。

「伊舎堂大尉が今暁出撃、敵艦隊に突入、名誉の戦死を遂げた」

いずれ、この日が来ることの心積もりはあったとはいえ、茫然自失となる4人の家族。周囲もはばからず、地面にうつぶせて泣きじゃくる母。姉と妹も母の背に追いすがり声を上げる。子に先立たれる母ほど、哀切なものはない。泣き崩れる親子の姿に周りの者も涙を流す。

「武人としての本望ではないか」

用和だけは気丈に振る舞うが、心中は慟哭《どうこく》していただろう。

婚約者のもとにも、見合いを仲介した伊舎堂の同僚から戦死の知らせが届いた。

拝啓、永らく御無沙汰致しました。その後、皆々様お変わりありませんか。去る○○日、伊舎堂大尉殿には敵部隊に壮烈なる突入を敢行せられ、名誉の御戦死を遂げられました。近く大本営発表もあることと思いますから、注意しおいて下さい。速報まで。

はがきを受け取った婚約者の思いはいかばかりだろうか。結婚するものと思い、手紙のやりとりをしていたが、沖縄方面の刻々と悪化する戦況に薄々、感じとるものがあっただろう。姉も明るく愛らしい妹が急に口数が減ったと心配していた。察するにあまりある。

当時、夫や恋人が戦死し、伊舎堂の婚約者と同じように残された女性は多かった。ひとりひとりの心の奥底に言葉にもできない、それぞれの悲嘆があった。

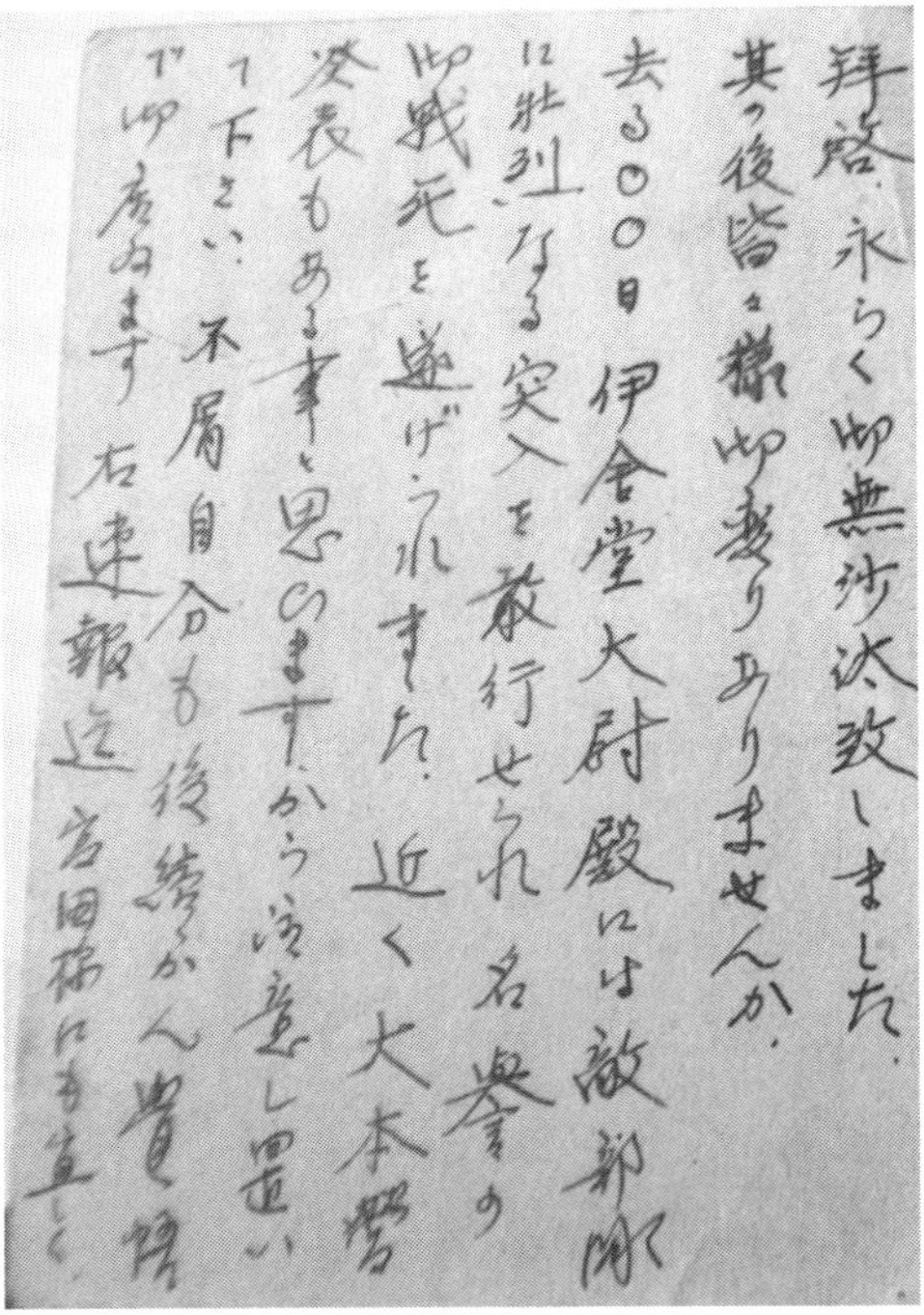
拝啓 永らく御無沙汰致しました。
其の後皆々様御変りありませんか。
去る○○日 伊舎堂大尉殿には敵部隊
に壮烈なる突入を敢行せられ 名誉の
御戦死を遂げられました。近く大本営
発表もある事と思ひますから注意して置い
て下さい。不肖自分も後続かん覚悟
で御座ります 右速報迄 宮田様にも宜しく

婚約者のもとに届いた伊舎堂戦死を知らせるはがき

各新聞が一斉報道

4月10日、伊舎堂隊に対する感状授与の発表が行われ、ラジオや新聞各紙が一斉に報道する。

——必死必沈の殴り込み　直掩機も体当たり敢行　陸軍特攻隊の奮戦第一報

——沖縄戦劈頭《へきとう》の勲　誠飛行隊伊舎堂隊　撃破と思った空母等四隻は撃沈

毎日新聞には「一命千命を屠《ほふ》る」と題した台湾花蓮港《かれんこう》駐在記者の記事が掲載された。訓練ばかりの伊舎堂隊が敵機来襲でも、迎撃しないと批判されていた。「自分一機で結構です。あの敵機を墜とさせてください」と懇願する部下に対し、伊舎堂が「俺たちは一機一機ではない。一機一艦と体当たりをやるのが任務。我慢しろ」と諭す。記者に「いまにわかってもらえるよ」と吐露したエピソードだった。

石垣島出身の毎日新聞記者、宮良高夫の「激戦の沖縄を思う」も掲載された。

「伊舎堂用久……」と読み上げられた。私の家族は総立ちとなってラジオを摑んだ。ああ隊長、伊舎堂大尉！　同じ島、同じ町の生まれではないか。拝聴している私の全身は感情の波に打ち震えた。私よりも、七つも若い大尉の幼い中学生時代の姿が蘇《よみがえ》ってくる。熱い感激がこみ上げてくるのだ。

沖縄に生まれ、沖縄に育ち、ふるさとの海に敵艦を撃沈して、散華した大尉の心情切々と迫るものがある。

伊舎堂大尉よ。あなたの武勲は、ふるさとの海に咲く赤い花とともに、永久に故郷を飾るのだ。

旧知の後輩の名がラジオから流れ、それも郷土から出撃したという事実を知った宮良の昂揚感が記事全体にあふれている。それほど衝撃だった。だが、宮良が書いたように伊舎堂の武功が故郷で語り継がれることはなかった。

死を覚悟し婚約者に別れを告げる手紙を書くべきか、逡巡している頃、大陸戦線で知り合いとなった朝日新聞記者が伊舎堂の宿舎を訪問した。

場所や日時などは秘匿事項のため、「某基地」と明確にしていないが、婚約者に最後の手紙を送った昭和20（1945）年初頭、台湾花蓮港だった。隊長となり、再会した伊舎堂の様子を戦死後の4月13日付で「勇姿偲《しの》ばる伊舎堂大尉」とするコラムで明かした。


【某基地にて原田特派員十二日発】

陸軍特別攻撃隊「誠」飛行隊、伊舎堂大尉ら十勇士の沖縄西南邀撃戦《ようげきせん》の緒戦を飾る赫々《かくかく》たる戦果と抜群の殊勲がおそれおおくも上聞に達せられた旨、発表されたが、記者はまぶたをかたく閉ざし、今は神鷲と天翔けた大尉の雄姿を想起しながら在りし日の大尉を偲ぶ。

戦機到来とともに、敵艦船を覆滅《ふくめつ》すべく某基地で誠飛行隊が誕生した。伊舎堂大尉は、そのとき部隊本部に顔を見せて、初編成の特攻隊長としての使命を帯びたのであった。

私は大尉と昨秋、ある基地で知り合い、すっかり顔なじみの間柄であった。

宿舎を訪ねた私を玄関先で、仁王立ちとなって迎えてくれた大尉は相変わらずの童顔で、心もちのびた髭顔をなでながら私の腕を摑んだ。

「よく訪ねてくれた」

待ちかねた喜び、はらの底から出るようだ。

「やっぱりやるのだな」

闘魂の塊のような巨大漢の大尉の顔を見上げながら、私はツーンとはらの底から迫って来るようなものを感じ、ハッと特攻隊のことを直感した。

昨年暮れ、進級した大尉は星が増えていたが、それにも増して嬉しく思ったのは左胸下に、銀の隊長章がいぶし銀に光っていることだった。

加古川時代の旧部下が二名、大尉の部屋に先客として待っていた。

大尉はその日、部隊編成につき荒鷲《あらわし》部下たちと一緒に部隊本部の将校と、その食堂で晩餐《ばんさん》をともにし、特攻隊としての訓示を受けることになっていた。

私は大尉の部屋で、かつての部下二名から大尉の人柄を聞くともなくきかされた。

部下たちを部屋に引きとらせた大尉は「大変、待たしてしまった」と、いが栗頭をポリポリかきむしりながら現れた。

私は旧部下から聞き知っていた大尉の特攻隊長任命のことについては口を緘《かん》して触れ

なかった。

大尉もこのことについては、一言一句も漏《も》らそうとしなかった。

「とうとう隊長になられましたな」

私の瞳は胸の隊長章に注がれると、大尉は子供のように大きな手ぶりで、その胸章を双手《もろて》で隠すように、「うちの隊長がこのわしを隊長にしてくれました。ありがたいことです」

隊長の温情をたまらなく感謝するかのように、その言葉ははずんでいた。

上司に対する謝恩の気持ちを率直に想える大尉は火と燃える感激性をその巨軀に押し包んでいるのだ。

何事にも負けぬ強い意思力が、その言葉の中に、その人を彷彿たらしめるに相応《ふさわ》しいと私はひそかに思った。

そのとき大尉は上衣を脱いで、立ち上がり突然、こんなことを言い出した。

「私の舞踊を見てください。閣下に褒められたやつです」

大尉は名曲「荒城の月」を顔に似合わぬ優しい声で軽く柔らかに歌い始める、と同時にまるで専門の舞踊家のように、ゆるやかに巨体を震わし、手足の動作も旋律的に踊るのだった。

私は意外な大尉の隠し芸に茫然として、その自信にあふれた名曲の実際化をうち眺めるばかりであった。

この舞踊こそが大尉が北支《ほくし》時代、その操縦機で満蒙戦線をたびたび視察した現支那派遣軍総司令官、岡村寧次《やすじ》閣下の前でこの「荒城の月」を踊り、閣下をして「まさに豪宕《ごうとう》にして優美なり」と激賞の折紙をつけさせた逸品であることを後で知った。

その後、私は大尉と再会を約したまま別れたが、大尉はいま故郷に近い〇〇基地で誠飛行隊長として、あの学鷲《がくわし》や雛鷲《ひなわし》を引き具して、前進したことを間もなく知った。

戦機至らば、満を持す強弓は敵艦のまっただ中を発止とばかり、その必殺の矢を放つのだと、だれよりも私はそれを確信していた。

その誠隊が学鷲の阿部（直掩機として同行、独立飛行第二十三中隊）、芝崎両少尉をはじめ粒《つぶ》選《よ》りの荒鷲とともに、平素の訓練成果を遺憾なく発揮して、敵機動部隊に突入、文字通り、これを一挙に覆滅、沖縄本島南方海底に屠り去ったのである。

（昭和20年4月13日付「朝日新聞」）

子供のように泊まって行けとせがむ伊舎堂は、なぜ記者の面前で「荒城の月」を踊ったのだろうか。

土井晩翠《ばんすい》作詞、滝廉太郎作曲のこの曲は「栄枯は移る世の姿」の4番の歌詞に集約されている。この世の一切のものは常に生滅流転して、永遠不変のものはないという仏教の無常である。婚約者に特攻隊長就任を告げることもできず、戦死する自分の人生のはかなさを投影し、凜として舞った。

歌われなくなった「伊舎堂隊《いしゃどうたい》の唄」

24回目の命日にあたる昭和44（1969）年3月26日、第8飛行師団長だった山本健児が伊舎堂の母ミツに手紙を送った。特攻隊長に任命した指揮官である。

若人の　往きて還らぬ　出で立ちを　送りて吾れは　如何とやせん

　息子を失った伊舎堂の母への手紙は若者の死を見送った老将の心情を綴る歌から始まっていた。

「用久様逝かれまして烏兎《うと》匆々《そうそう》早や二十五周年を迎える事になりました」などと書かれていた。

遥かなる島に戦い　果てし子よ　安けく眠れ　母は祈らん

　最後は最愛の息子を失った母の心に寄り添った歌で終わっている。

　この手紙の2年前、山本は隊員たちが花蓮港で母親代わりのように世話になった五十嵐家トキ宛にも「五十嵐様の温かき心情が必ずしや散華されし若者の……」と書かれた礼状を送っている。

「部下に特別攻撃を命令することはどうしてもできなかった。私の命令によって、部下は必ず死ぬのである。死ぬことがわかっているのに、本人の意志を無視した命令は下すことができなかったのである」

　戦後、苦渋の決断だったと山本は語っている。

かつて「伊舎堂隊の唄」は沖縄に暮らす老若男女だれもが知らぬ者がいなかった。だが現在、だれも口ずさむこともなくなった。

原曲は昭和11年発売のディック・ミネが歌いヒットした「愛の小窓」（古賀政男作曲）。伊舎堂隊のひとりが歌詞をつけたといわれている。

伊舎堂隊の唄

一、富士の御山に　身を捨てて
　エンジン回せば　腕がなる
　目指す目標　敵空母
　たたきつぶせよ　ああ伊舎堂隊

二、重いバクダン　かかえ込み
　行くは東の　空遠く

どんと一発　決死隊
またと還らぬ　ああ若桜

三、母の写真に　ひざまずき
お先にあの世へ　参ります
国のおんため　お母さん
花と散ります　ああお母さん

四、もしも戦死と聞いたなら
逢いにおいでよ　靖国へ
白木の箱が　届いたら
抱いておくれよ　ああ思い出に

伊舎堂の陸士同期、藤森正義の義弟が那覇航空測候所に勤務していた。
日本復帰間もない頃、義弟が「伊舎堂隊の唄」が那覇の街で歌われていると藤森に手紙で知らせてくれた。特攻隊長として戦死した同期生の歌が残っていることの感動を記す。

ともに学び過ごした学生時代、懐かしくほのぼのした青春を圧縮したつかの間だった。沖縄県民の心の中に生き続けていることをうれしく思います。

中央気象台課長を務めていた従兄弟が沖縄出張に行くと藤森が聞き及び、石垣島の伊舎堂家に行き、自分の代わりに御焼香してほしいと依頼した。昭和20年代、沖縄に行くのも容易ではない時代だった。

快諾した従兄弟は那覇から石垣まで赴いた。後に作家、新田次郎となる藤原寛人だった。昭和31（1956）年、『強力伝』で直木賞を受賞。『縦走路』『孤高の人』『八甲田山死の彷徨』など、山岳小説という新たな分野を開拓した。

藤原が伊舎堂家を弔問した際、八重山気象台に勤務していた妹の節子と記念写真を撮っている。

「顔かたちがよく似た兄妹だな」

郵送された写真を見た藤森は伊舎堂のはじけた笑い顔を思い起こす。

薄れゆく記憶。68年後に顕彰碑

伊舎堂用久だけなく、父の用和、長兄の用展《ようてん》、用展の妻ハツも戦争で命を失った。ハマダラカという蚊に刺されることで感染するマラリアに罹患《りかん》した用和は終戦の翌日、8月16日に病死した。

石垣島などの八重山諸島は地上戦こそなかったが、米軍上陸に備え、マラリア有病地域の山間部に疎開して罹患、約3000人が死亡した。戦争マラリアと呼ばれている。

登野城《とのしろ》の同じ家に住んでいたハツも8月24日、マラリアで死亡した。用八《ようはち》7歳を残したままの38歳だった。母として死ぬに死ねないほど、心残りだっただろう。

徴兵された用展は守備隊の第32軍司令部に入隊、米軍と交戦の末、沖縄本島南部の南風《はえ》原町《ばるちょう》の壕で戦死した。

両親を失った用八は四女、節子の手で育てられる。節子には数多の縁談が申し込まれたが、すべて断り、用八の養育に全力を注ぐ。

「自分のことを殺し、ひとのために一生を尽くした女性だった」

次女のトシ子が妹を語る。

琉球大学卒業後、八重山高校教諭や八重山商工高校教諭など務め、伊舎堂家を継いだ用八が叔父である伊舎堂用久の志を語ることができる唯一の遺族となった。

「伊舎堂用久戦死の意義は沖縄人の誇りと、自分の故郷は自分で守る気概を持ってほしいというメッセージを後世の沖縄人に伝えようとした」

用久の遺品や位牌を守っている用八も老齢となった。わずか24年間を駆け抜けた伊舎堂用久の意義ある証しの写真や手紙なども今後はどうなるか、処遇も不明である。

糸満市摩文仁《まぶに》の平和祈念公園に「空華之塔」が建立されている。沖縄戦で戦死した陸海軍の航空将兵を祀っている。

昭和39（1964）年11月1日、政財界、航空関係者が見守るなか、遺族を代表して母のミツが除幕を行った。

それほどに伊舎堂用久の名は重いものだった。沖縄戦の特攻作戦で伊舎堂の後に2000名以上の陸海軍航空将兵が続き、命を落とした。

「3月26日は沖縄戦が開始された日として地元紙では大きく報道されるが、沖縄戦第1号の特攻には何も触れられない。沖縄県民が特攻史を何も知らない」

意図的に忘却されている歴史の真実に用八は憤怒する。日本の他の地だったらどうだっただろう。郷土の島から出撃した若者の戦死が黙殺されていただろうか。

伊舎堂が膝に乗せ、かわいがっていた前盛家の長女、喜美子も同じだった。伊舎堂隊の史実は戦争の悲惨さを後世に伝えるために忘れてはならないと訴え続けている。

「父は折に触れ、『ここは偉い隊長が住んだ家だ。立派な人に恥じないように頑張れ』と話し、隊長の優しさと誠心誠意を教えてくれた。隊長の精神が自ずと私の身についた」

用八と喜美子の2人しかいない語り部も寄る年波には勝てない。沖縄でも八重山でも今後、伊舎堂隊と伊舎堂用久の気概を受け継ぐ者がだれもいなくなることになる。

石垣市南ぬ浜《ぱい》町で、平成25（2013）年8月15日に「伊舎堂中佐と隊員の顕彰碑」の除幕式が行われた。戦死から68年後、ようやく建立にこぎつけた。その間、忘れ去られたまま、月日が経過していた。

その2年前の平成23（2011）年、元鎌倉市議である伊藤玲子の呼びかけで八重山防衛協会有志が中心となり、顕彰碑建立期成会が発足した。

会発足が報道されると、全国から寄付の申し出が殺到、2000人以上、700万円の寄付金が集まる。寄付者の4割以上が本土と沖縄本島在住者で、関心の高さを示していた。寄付者の手紙にこう書かれていた。

顕彰碑が立派に建立され、尖閣を含む沖縄の地の守り神としての役割を果たさんことを祈念しております。

石垣産の石で作られた高さ2メートルの碑には「郷土と国を愛し、悠久の大義に生きる精神により散華した伊舎堂用久中佐と隊員の遺功」と記された。石垣島出身の書家、豊平峰雲《とよひらほううん》が揮毫《きごう》、空を仰ぐ伊舎堂用久の写真や辞世の句も刻印された。

慰霊碑ではなく、伊舎堂をはじめ戦死した隊員たちの功績を讃える顕彰碑であることの意義は大きい。

当初、伊舎堂ら誠17飛行隊だけの予定だったが、用八の強い要望で、石垣島から出撃した特攻隊31名全員の氏名、年齢、出身地が刻銘された。

戦死から68年後にようやく建立された「伊舎堂中佐と隊員の顕彰碑」
＝石垣市南ぬ浜町

碑文

大東亜戦争終結六十八年を経たわが国は、戦後の荒廃を乗り越え、平和で豊かな生活を送ることが出来ています。現代のわが国の平和と繁栄は、国家存亡の危機に殉じた英霊と戦争の犠牲となった多くの方々の礎によってもたらされたことを心に留め、その史実を後世に伝えていかなければなりません。

大東亜戦争末期、戦況の打開を図るべく、大日本帝国陸軍は特別攻撃隊を編成し石垣島にあった特別攻撃隊の基地からも、鎮護《ちんご》の任に当たるべく、若者達が身命を擲《なげう》って出撃し、千尋の海に散華しました。

大日本帝国陸軍第八航空師団誠第十七飛行隊隊長であった石垣島出身の伊舎堂用久大尉率いる伊舎堂隊四機と直掩機六機は、昭和二十年三月二十六日午前四時に、石垣島白保にあった基地より陸軍特別攻撃隊の先陣を切って出撃し、慶良間列島西方海上の敵空母群に特攻を行い、その戦果は全国に大々的に報じられました。

郷土と国を愛し、悠久の大義に生きる精神により散華した伊舎堂用久中佐（特別攻撃後、二階級特進）と隊員の遺功を後世に伝え、これからの時代に於いても、郷土と国を護る崇高な精神を育み、恒久平和を希求する為、伊舎堂用久中佐と隊員の顕彰碑をここに建立します。

遺詠
指折りつ　待ちに待ちたる機ぞ来る　千尋の海に散るぞたのしき

式典では前盛家の娘、米盛美代子が「伊舎堂隊の唄」を歌った。伊舎堂隊が出撃戦死した2カ月後に生まれている。3番の「母の写真に　ひざまずき　お先にあの世へ　参ります　国のおんため　お母さん　花と散ります　ああお母さん」の部分で堪《こら》えきれず、途中

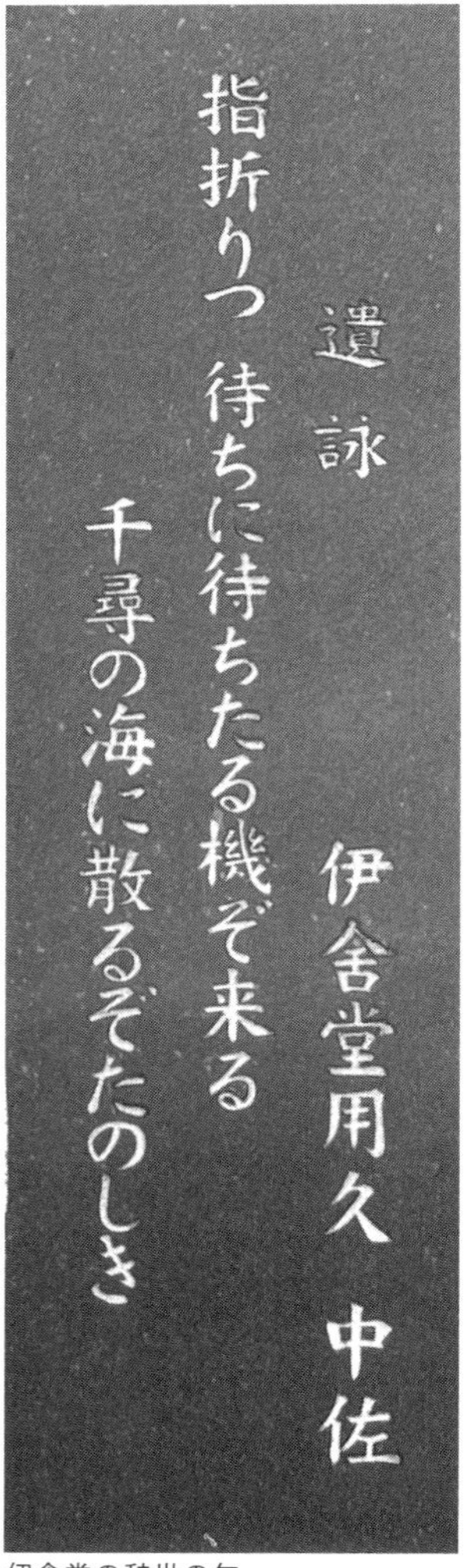
遺詠
指折りつ待ちに待ちたる機ぞ来る
千尋の海に散るぞたのしき
伊舎堂用久 中佐
伊舎堂の辞世の句

から涙があふれた。

蒼海を望む高台に碑はある。北には尖閣諸島、西には八重山の島々、その先には台湾がある。さらに先には中国大陸がある。

「死ぬことは何とも思わないが、祖国日本はどうなるか、それだけが心残りだ」

出撃直前、伊舎堂の魂の底から絞りだされた言葉だった。

伊舎堂用久が我々に問いかけている。国を守るということは何か。国を守ることは故郷を守り、そこに暮らす父母や兄弟姉妹、祖父母、親戚、友人を守ることだった。

いまの祖国を見てどう感じるだろうか。こんな日本になりましたと伊舎堂用久に見せることができるだろうか。尖閣諸島を跋扈《ばっこ》する中国船舶を見せることができるだろうか。日本人として突きつけられている。

歴史の1ページとして郷土から出撃、戦死した伊舎堂用久の人柄、生き方。現代に生きる我々が先人の犠牲の上にあることを忘れないとともに、もう起きてはならない戦争の凄惨な真実を残すためにも、語り継がなければならない。

伊舎堂隊特攻出撃から今年、令和7（2025）年でちょうど80年を迎える。沖縄戦が始まった3月26日。これからも忘れてはならない日。石垣島から出撃した誠第17飛行隊。沖縄戦最初の戦死。郷土を守ろうとした伊舎堂用久。日本人が決して忘れてはならない名である。

主な参考文献

『千尋の海　軍神・伊舎堂中佐の生涯』又吉康助（池宮商会）
『「軍神」を忘れた沖縄』仲新城誠（閣文社）
「伊舎堂中佐の愛と死」仲新城誠／八重山日報２０１３年8月15日〜同9月15日連載
「紫鵬会通信」令和３年特別号
『嫡男の特攻』川瀬充朗（文芸社）
『みのかさ部隊戦記』石垣正二（ひるぎ社）
『ニューギニア空中戦の果てに』上木利正（戦誌刊行会）
『昭和天皇の艦長　沖縄出身提督漢那憲和の生涯』恵隆之介（潮書房光人新社）
『戦争動員とジャーナリズム　軍神の誕生』保坂廣志（ひるぎ社）
『石垣島防衛戦史　太平洋戦争記録』瀬名波栄（沖縄春秋社）
『沖縄・台湾・硫黄島方面　陸軍航空作戦』防衛庁防衛研究所戦史室（朝雲新聞社）
『沖縄方面陸軍作戦』防衛庁防衛研究所戦史室（朝雲新聞社）
『大東亜戦争全史』服部卓四郎（原書房）
『陸軍航空特別攻撃隊史』生田惇（ビジネス社）
『陸軍士官学校』山崎正男（秋元書房）

ブックデザイン：山之口正和＋齋藤友貴＋高橋さくら（OKIKATA）
図版：キャップス
カバー写真、P5、12、39、49、132、178の写真：遺族提供

本書は八重山日報において2024年3月26日～2024年11月8日に連載した「歴史に葬られた特攻隊長　石垣から出撃した伊舎堂用久中佐」を改題し、加筆修正と再構成をほどこしたものです。

将口泰浩　しょうぐち・やすひろ

1963年、福岡県生まれ。89年、産経新聞社入社。新潟支局、社会部などを経て、社会部編集委員に。2015年、産経新聞社を退社。

著書に『「冒険ダン吉」になった男　森小弁』『チベットからの遺言』『極秘司令 皇統護持作戦　我ら、死よりも重き任務に奉ず』『キスカ撤退の指揮官　太平洋戦史に残る作戦を率いた提督木村昌福の生涯』『人道の将、樋口季一郎と木村昌福　アッツ島とキスカ島の戦い』『死闘の沖縄戦 米軍を震え上がらせた陸軍大将牛島満』など。

歴史《れきし》に葬《ほうむ》られた特攻隊長《とっこうたいちょう》

故郷《こきょう》・石垣島《いしがきじま》から出撃《しゅつげき》した伊舎堂用久中佐《いしゃどうようきゅうちゅうさ》

第1刷　　2025年3月31日

著　　者　将口泰浩
発 行 者　小宮英行
発 行 所　株式会社徳間書店
〒141-8202
東京都品川区上大崎3-1-1
目黒セントラルスクエア
電話　編集／03－5403－4344　販売／049－293－5521
振替　00140 － 0 － 44392
印刷・製本　三晃印刷株式会社

ISBN978-4-19-865981-3